AF607444

TUMORAMA

El cáncer es otra fiesta cuando no lo cuentan los famosos

YOJANA PAVÓN

Aliarediciones

Corrección: Eladia Guerrero
Diseño de cubierta: Pablo Arellano
Maquetación: Aliar Ediciones

Depósito Legal: 979-13-87823-66-5
ISBN: GR 1103-2025

Impreso en España

Edita
ALIAR Ediciones
www.aliarediciones.es
info@aliarediciones.es

TUMORAMA

YOJANA PAVÓN

Para mis tres mosqueteros del Hospital Clínico San Carlos:
Mónica, Juan Antonio y José María.

Para el faro que ilumina el tormentoso océano de mi vida.

«Y entonces me di cuenta de que todo el mundo sufría constantemente, incluido aquellos que fingían no sufrir».

Se busca una mujer. Charles Bukowski, 1973.

PRÓLOGO

• ¿Qué es *Tumorama?*

Tumorama es un medicamento literario que sirve para tratar diversos síntomas que suelen darse tanto en enfermos oncológicos como en sus acompañantes. Fruto del hartazgo de escuchar mensajes bélicos y de ver cómo estos diezman la capacidad de raciocinio de los enfermos, me propuse contextualizar de la manera más científica posible cómo tratar a un paciente con cáncer y cómo abordar la situación de los familiares. Para ello, he realizado un estudio de caso clínico durante un año, exponiendo a lo largo de estas líneas los resultados obtenidos. Para dar coherencia interna a las teorías aquí expuestas, he partido del análisis de la arquitectura mental de un gran maestro: Sigmund Freud.

En el año 2023 se detectaron 279.260 nuevos casos de cáncer en España, según la Red Española de Registros de Cáncer (Redecan[1]). En concreto, se diagnosticaron 42.721 casos de cáncer colorrectal, el más frecuente seguido por el cáncer de

1. Red Española de Registros de Cáncer, constituida a finales del 2010 con el objetivo de proporcionar información a las autoridades sanitarias y la comunidad científica.

mama y pulmón, según la Sociedad Española de Oncología Médica (SEOM). Yo soy uno de esos casos. En el momento en que un médico te informa del diagnóstico y te asomas al abismo insondable que se abre bajo tus pies, casi todo lo que creías conocer deja de tener sentido y muy pocas cosas cobran más sentido que nunca. La vida que a uno le espera durante los largos y duros tratamientos es psicodélica, irreal y onírica. Es en ese proceso cuando la plasticidad cerebral empieza a cambiar, a desarrollar nuevos caminos que le permitan a uno entender qué está pasando y cómo seguir manteniéndose vivo a pesar de todo.

- **Composición química**

Tumorama se compone de tres elementos básicos que se combinan entre sí una vez que se administran por vía literaria: *das Es, das Ich* y *das Über ich.*

Así es como originalmente Freud denominó al Ello, al Yo y al Superyó como partes de la arquitectura mental. Lo escribió en su libro de 1923 *Das Ich und das Es* ('El yo y el ello'). Gracias a esta idea se originó a partir de los años cuarenta del siglo XX la denominada «psicología del yo», centrada en identificar las psicopatologías, es decir, nuestras chifladuras. En síntesis,

Freud viene a decir que el Ello sirve para expresar nuestras pulsiones, oscilando entre la parte consciente e inconsciente. Es en definitiva nuestra parte más primitiva, de la que emana el famoso instinto de supervivencia. El Yo pasa toda nuestra vida mediando entre nuestros instintos y las normas sociales y culturales, a veces le da una de cal al Ello y otra de arena, y con eso nos vamos arreglando a lo largo de los años. En lo que respecta al Superyó, podríamos decir que es nuestro Pepito Grillo, la voz de nuestra conciencia, que para Freud surge de la resolución del complejo de Edipo (en ellos) o de Electra (en ellas). La interiorización de un proceso cultural que durará toda nuestra vida: la socialización.

Para el psicoanálisis, el concepto de «trauma» es central en toda la teoría. Gracias al trauma se desarrolla la estructura mental, y por lo tanto determinados síntomas psicológicos. ¿Qué ocurre cuando un trauma se alarga en el tiempo trastocando por completo estos tres niveles básicos de nuestra arquitectura mental definidos por Freud? Diciéndolo aún más claro, ¿qué pasa si ese trauma es una enfermedad que se llama cáncer?

La composición química de este manual permite leerlo en tres tiempos que recorren la vida de un enfermo oncológico a partir de los conceptos freudianos. En la primera parte (YO) se describen los cambios físicos y mentales que un paciente sufre debido a los tratamientos, que en la mayor parte de los casos conllevan sesiones de radioterapia, quimioterapia y cirugías varias que modifican tanto el cuerpo como el autoconcepto y la percepción integral de uno mismo. Se describen además los códigos de comportamiento que existen entre los pacientes con cáncer cuando nos permiten socializar entre nosotros en un entorno propicio, cuidado e hipoalergénico: el hospital.

En la segunda parte (ELLO) se realiza un estudio pormenorizado de la fauna y flora ambiental que rodea a un enfermo de cáncer, identificando ciertos especímenes de especial interés para la enfermedad. Además, se aborda el discurso belicista y cómo este ha calado en el imaginario popular hasta esparcir la creencia de que influye en el pronóstico de la enfermedad, pudiendo determinar incluso quién se salva y quién no.

En la última parte (SUPERYÓ) se hace un recorrido lo más científico posible por los clichés y mitos sociales que se dan en torno al cáncer, según los cuales los enfermos deben desempeñar distintos papeles para cumplir con la deseabilidad de una sociedad a la que no le gustan los enfermos en general. La tiranía del positivismo convierte a los enfermos «de larga duración» en una lacra social que se camufla con cierta hipocresía de caridad manifestada en documentales concienciados o actos benéficos con el mantra de «más investigación». Cualquier cosa es útil socialmente para difundir este mensaje:

«Enfermos de cáncer, os queremos, estamos con vosotros, pero os lo decimos desde lejos y sin que os acerquéis mucho, no vaya a ser que se me pegue un tumor».

Por último, el lector encontrará las conclusiones extraídas en este estudio científico para contextualizar este manual de ayuda o antiayuda, según se mire, para enfermos oncológicos.

- **Posología y efectos secundarios**

Tumorama se puede leer de un tirón sin causar una sobredosis. Aunque diversos estudios han demostrado que hace más efecto cuando la lectura se hace en dosis pequeñas. Unas cuantas páginas al día pueden ser suficientes para calmar algunos efectos secundarios de los discursos belicistas como la ansiedad o la depresión. En caso de sufrir una intoxicación, se ruega que consulte con su médico especialista. En 2023 la MD Anderson Cancer Center en Madrid publicó un artículo donde destacaba que los discursos belicistas en los que se enmarcan los tratamientos oncológicos suelen manifestarse como un tipo de guerra en donde el paciente libra una batalla que puede salir bien o mal según su pericia estratégica y militar, lo que resulta totalmente contraproducente para el estado mental de los pacientes. Lo mismo puede decirse de frases hechas como «no te preocupes» o «todo irá bien», que responden únicamente a mantener un mensaje positivo para el que lo dice, lejos de dar consuelo a quien lo escucha. Según los pronósticos de la SEOM[2], en 2024 el número total de cánceres diagnosticados será de 286.664. En uno de esos casos también estaré yo.

¿Qué probabilidades había de que a alguien le tocara este diagnóstico sin tener antecedentes ni factores de riesgo? ¿Una entre un millón? ¿Debería comprar lotería a partir de ahora? Me conformo con tener la oportunidad de terminar este práctico manual, que no es otra cosa que una pequeña historia de alguien que tiene un poco más complicado sobrevivir que los demás. En la medida en que estas páginas ayuden a pacientes, allegados o familiares a saber sobrellevar esta trágica situación, o a mejorar el acompañamiento a su ser querido enfermo, me doy por satisfecha.

• Conservación de *Tumorama*

Es recomendable mantener este libro en una estantería fresca y seca. A ser posible, sin polvo. Una vez abierto y leída la primera página, se aconseja tener el manual cerca, lo más a mano posible: en la mesita de noche, en la mesita del comedor, etcétera...

---

2. Sociedad Española de Oncología Médica, constituida en 1976, tiene por objetivos la investigación y prevención en el tratamiento oncológico, ofreciendo una calidad asistencial de excelencia y estimulando el estudio del cáncer.

ÍNDICE

PARTE 1: YO 19
1.1. Lo que sabes: la pérdida 19
1.2. Lo que no sabes: la incertidumbre 30
1.3. La culpa 34
1.4. El código interno de los enfermos 37
PARTE 2: ELLO 45
2.1. Programa de protección de cuidadores tumorales 46
2.2. Los animadores 49
2.3. Los gurús 55
2.4. Los catedráticos de la Universidad de la Calle 58
2.5. Los temerosos de Dios 65
2.6. Los «entomólogos» 71
2.7. Los incrédulos 72
2.8. Cuando no saben qué decirte 74
PARTE 3: SUPERYÓ 77
3.1. Cosas que no puedes hacer cuando tienes cáncer 77
3.2. Y el foco siempre ilumina a los supervivientes 89
4. CONCLUSIONES 91
5. AGRADECIMIENTOS 98
BIBLIOGRAFÍA CONSULTADA 100

PARTE 1: YO

1.1. Lo que sabes: la pérdida

«Tienes un tumor con muy mala pinta». «Si no hacemos nada, te quedan diez meses de vida como mucho». Estoy en la consulta de un hospital y un señor con la autoridad y el poder sobre la vida y la muerte que le confiere su bata blanca me dice estas palabras. Ahí comienza todo. Todo lo malo, se entiende. En la actualidad todos tenemos un nivel básico de conocimientos cancerosos. Sabemos palabras diversas como tumor, metástasis, quimioterapia o alopecia. Pero si alguien de bata blanca te dice que tienes algo muy malo dentro, empiezas un máster oficial acelerado e intensivo de oncología nivel usuario. Aprendes que «neoplasia» es lo mismo que tumor y que «adenocarcinoma» es como se llama el tuyo, que en concreto se refiere a una proliferación anómala de las células que producen la mucosa gastrointestinal. Cada vez que te mandan una analítica descubres estrellitas nuevas y esas estrellitas significan cosas malas, es decir, que no estás en un rango normal.

En los mentideros de los cursillos básicos de cáncer se sabe que la gente lo pasa mal en los tratamientos, que se les suele caer el pelo y que hay algunos tipos de cáncer que asustan más que otros. No se sabe mucho más. Si se tiene la suerte de formar parte del privilegiado grupo de estudiantes que inician un máster oficial acelerado para enfermos oncológicos, lo primero que reparten cuando entras es un manual de bienvenida que se titula: *¡Prepárate para vivir a base de pérdidas!* Aunque la investigación ha avanzado mucho en muy pocos años, los tratamientos no dejan de ser un periplo de dolor, sufrimiento y, claro está, pérdidas en general. Si pudiéramos sintetizar a grandes rasgos las partes básicas de un tratamiento tendríamos que atender primero a una cuestión básica; si la parte tumoral se puede extirpar o no. Por lo que en aquellos tumores que son resecables (así es como llaman los médicos a los extirpables) el paciente sufrirá extenuantes sesiones de radioterapia y quimioterapia combinada o no con inmunoterapia que ayudarán a su cirugía. En caso de que no sea posible la cirugía, sufrirá también las mismas sesiones extenuantes de sesiones de radioterapia y/o quimioterapia para cronificar el asunto, mantenerlo a raya y que no pueda contigo, al menos de momento.

En todos estos tratamientos el enfermo sufre lo indecible. El primer día de clase del dichoso máster lo ves todo de un color negro zaíno, el negro más oscuro que hayas conocido. Alrededor de tu tumor todo se desmorona. En ese momento es cuando tienes la primera certeza: la pérdida. Vas a perder casi todo lo que te rodea. Te quedarán cuatro cosas a las que agarrarte cuando la travesía por el largo océano del tratamiento comience. ¡Bienvenidos a bordo!

Tabla 1. Estudio de las pérdidas que rodean a un tratamiento de cáncer para el paciente

FÍSICAS	SOCIALES	LABORALES	EMOCIONALES
Órganos	Disfunciones familiares	Bajas laborales / incapacidad	La paciencia
Tejidos	Ruptura de pareja	Despidos	
Pelo	Alejamiento en las relaciones de amistad	Pérdida de ingresos	
Peso	Pérdida de la intimidad		
Defensas, plaquetas, hierro, proteínas...			

Fuente: Elaboración propia a partir de un estudio de caso (2024).

Cuanto más avanza el tratamiento, mayores son los cambios corporales y anímicos ocasionados por los síntomas de la medicación. Por norma general, los médicos suelen darte un papel en el que se enumeran una serie de cambios físicos que te producirá tal o cual tipo de fármaco, bañados todos ellos en una inmensa náusea. Así pues, en cada ciclo de quimioterapia el enfermo baila en un nuevo escenario cuando se mira al espejo: cicatrices, catéteres intradérmicos, inflamaciones, pérdida de cabello. La imagen mental que tenemos de nosotros mismos, influida principalmente por lo que vemos en el espejo y también por nuestro reflejo ante las relaciones sociales mantenidas, cambia cada minuto. Esta idea es ampliamente estudiada en la psicología del *Self* desde comienzos del siglo XX. Si a esa autoimagen le sumamos una valoración emocional, ya sea positiva o negativa, tenemos la autoestima. En el caso que nos ocupa, la autoestima de un paciente con cáncer en los comienzos de un tratamiento está por los suelos. Conforme pasa el tiempo, el enfermo encuentra discursos a su alrededor que lo instan a ser mejor persona gracias al aprendizaje que le da esta bendita enfermedad. «Uno encuentra el verdadero sentido de la vida tras el cáncer», suelen decir los más iluminados. Este mensaje cala tan hondo en el paleoencéfalo de un desesperado enfermo que le sirve para responder a la pregunta que le martillea en la cabeza una y otra vez: ¿por qué a mí?

Si atendemos a los datos reales, tener cáncer no te hace mejor persona. Lance Armstrong es un claro ejemplo de ello. Ciclista que ganó el Tour de Francia siete veces (1999-2005) y creador de la fundación que lleva su nombre contra el cáncer, luchador incansable que venció su cáncer de testículos, fue acusado de dopaje sistemático. Al final, le retiraron los títulos, lo inhabilitaron como ciclista profesional de por vida y la susodicha fundación retiró su nombre para limpiar de descrédito su lucha. Así pues, tener cáncer no te hace mejor persona, por lo general sigues siendo la misma persona que antes y eso lo llena a uno de una inmensa tristeza, porque ni siquiera pasar por esta terrible enfermedad sirve al final para ser un superhéroe. No, ni tan siquiera te va a hacer mejor, más fuerte, más sabio, ni podrás mirar a los demás por encima del hombro desde tu pedestal de superviviente. Seguirás siendo el mismo, aunque a veces no te reconozcas cuando te miras al espejo. Seguirás siendo el mismo, al que lo acompaña un halo de tristeza desde el momento en que escuchó el diagnóstico por primera vez. Es más, se ha comprobado que, en un porcentaje reducido de casos, cierto tipo de tumores lo hacen a uno peor persona que antes de tener la enfermedad, como el cáncer de testículos de la persona anteriormente citada.

Ante la gran pregunta de «¿por qué a mí?», a la que aún, después de más de un año, no he conseguido hallar respuesta clara, podríamos hablar a nivel general de ciertos factores de riesgo que todos conocemos. Pero si, como en mi caso, ni fumas ni bebes, ni tienes obesidad ni diabetes, ni tampoco una vida sedentaria, ni tienes antecedentes familiares ni factores genéticos, solo te queda encomendarte al Oráculo de Delfos o, en su defecto, a diversos observatorios con informes sobre lo que te pasa y la incidencia en la población. Según el Observatorio de la Asociación Española contra el Cáncer, en el año 2023 en España se dieron 591 casos nuevos por cada 100.000 habitantes. Yo, no sé si ya lo he dicho, fui uno de ellos.

Gráfico 1. Nuevos casos por cada 100.000 habitantes en 2023 en España distribuidos por franja de edad

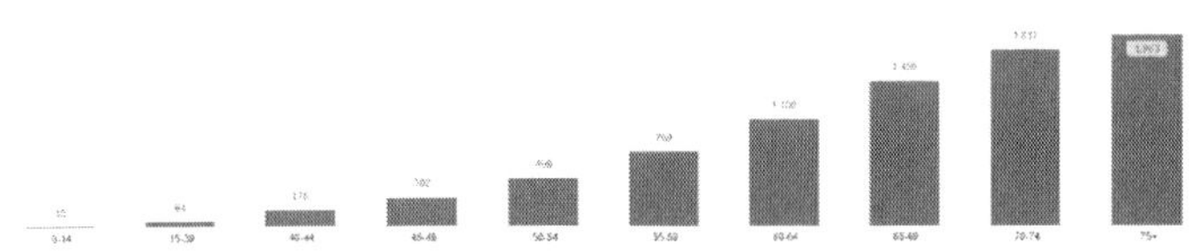

Fuente: Observatorio Asociación Española contra el Cáncer (2023).

En concreto, soy uno de los 302 casos diagnosticados por cada 100.000 habitantes en una franja de edad de 45-49 años. Así que hay otras 301 personas que se preguntan lo mismo que yo: ¿por qué a mí? Si la prevalencia del diagnóstico de cáncer en la población va en aumento y la proyección de la incidencia por sexos, según la misma fuente, es para 2024 de 877 casos en los hombres y de 567 en mujeres, quizá se respondería a esa pregunta a lo gallego, con otra pregunta: ¿y por qué no te iba a tocar a ti? Es decir, yo no tenía mayor riesgo que cualquier otra persona. Simplemente me tocó. Llámalo azar o mala suerte.

Gráfico 2. Evolución de la prevalencia de nuevos casos en el futuro

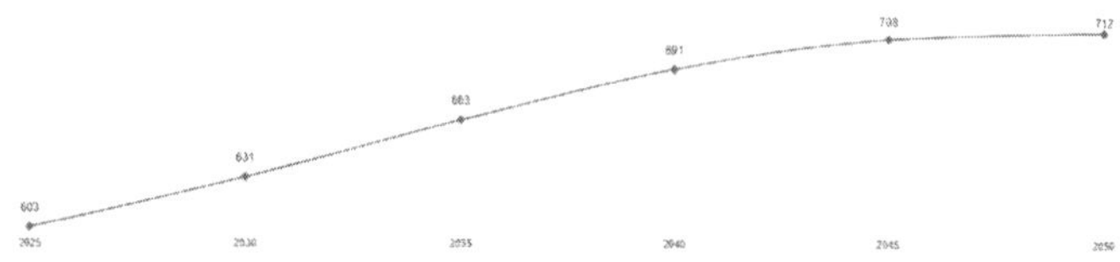

Fuente: Observatorio Asociación Española contra el Cáncer (2023).

Mientras un paciente con cáncer se adentra en el túnel insondable del tratamiento, pierde la conciencia corporal y temporal. Vive únicamente para cumplir con las citas médicas, las pruebas, las operaciones y las revisiones. Cuanto más tiempo pasa en la sala de espera del hospital, mayor es su comunión con el cosmos que lo rodea en «Cancerland», como decía la escritora Siri Hustvedt, esposa de Paul Auster, recientemente fallecido de cáncer de pulmón. Y el cosmos le responde: «No eres nadie especial. Tan solo eres uno más».

- **Pérdida de proteínas**

Las proteínas se pierden en un abrir y cerrar de ojos, sin que te des cuenta. Esto se debe a que el mero hecho de comer resulta en muchos casos una misión imposible para nosotros. Desde los primeros momentos de la radioterapia o la quimioterapia, los dolores de estómago e intestino, náuseas y vómitos acompañan a cada bocado, por lo que pensar en llevarte algo a la boca para digerirlo se convierte en un suplicio. Aun así, tal y como dice la American Cancer Society y también tu oncólogo, la nutrición es una parte importante del tratamiento, aunque la forma de comer cambie y también la forma en la que tu organismo emplea los nutrientes. Y te preguntarás, ¿por qué son tan importantes las proteínas y el médico no hace más que mirar tu nivel cada vez que te manda hacer una analítica? Las proteínas en general son necesarias para el crecimiento de los tejidos corporales y para mantener el sistema inmune. Es decir, estamos hechos de proteínas. Cuando no tenemos el suficiente nivel de proteínas, el cuerpo recurre a la masa muscular para tener combustible, y eso en muchos casos prolonga el tiempo de recuperación entre ciclo y ciclo de quimioterapia. En los tratamientos oncológicos se destruyen células cancerígenas, pero también células sanas, y este hecho provoca efectos secundarios que transforman o en muchos casos imposibilitan la ingesta de alimentos. La American Cancer Society introduce en la siguiente tabla los efectos secundarios más comunes.

Tabla 2. Efectos secundarios que afectan a la capacidad de comer en tratamientos oncológicos

Más comunes (80% - 100% de los pacientes)	Anorexia
	Náuseas
	Vómitos
	Diarrea
	Sensación de cansancio
Comunes (50% - 80% de los pacientes)	Dolor de boca o garganta
	Sequedad en la boca
	Cambios en los sentidos del gusto u olfato
Menos comunes (20% - 50% de los pacientes)	Depresión
	Problemas dentales y de encías

Fuente: American Cancer Society. *Guía de nutrición para personas durante su tratamiento contra el cáncer* (2019).

Te zambulles en este carrusel de síntomas sin que nadie te haya avisado de que tienes que hacer planes para reducir tu malestar, sobre todo cocinar con antelación y saber qué tienes que comer durante los días más duros de los ciclos de quimioterapia. Si tienes la suerte de tener una experiencia con oxaliplatino y eres joven, durante los primeros cuatro o cinco días de un ciclo a duras penas podrás comer. Cualquier cosa que te lleves a la boca te sabrá a metal y, aunque tengas un filete en el plato, cada bocado será como masticar un tenedor que apenas podrás tragar. Así que poco a poco vas aprendiendo que los primeros días solo puedes comer algún puré que no requiera masticar y que no esté muy caliente. A medida que avanzas en los ciclos, vas aborreciendo los purés y, por lo tanto, pierdes las ganas de comer y de vivir en general, como se muestra en la siguiente gráfica tras el estudio empírico que yo misma he realizado para la elaboración de este libro, que pretende, en la mejor de sus aspiraciones, ser un manual científico.

Gráfico 3. Relación lineal entre el número de ciclos, la sensación de hartazgo y las ideas suicidas por comer purés en un paciente oncológico

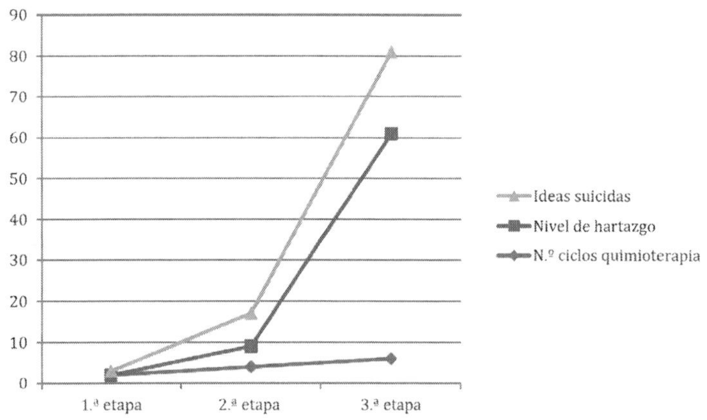

Fuente: Elaboración propia (2024) a través de estudio empírico personal en 2023.

Por lo general, un tratamiento de quimioterapia previo a una cirugía en pacientes con cáncer colorrectales suele constar de seis ciclos que duran entre 14 y 21 días cada uno. La primera etapa versa sobre los primeros dos ciclos de quimioterapia, en la que todavía el hartazgo después de purés y cremas de calabacín y patata no ha hecho mella en el paciente. En la segunda etapa (tercer y cuarto ciclo), aunque se intente camuflar el sabor del calabacín con más patata y calabaza, el enfermo empieza a estar más que harto. En la última etapa, que corresponde con los ciclos finales del tratamiento, al paciente hay que meterle los purés en vena porque se niega a tragar un solo calabacín triturado más. Fantasea con morder un buen bocadillo y mira cualquier mendrugo de pan que tiene a su alrededor con deseo, recordando cómo era su vida anterior. En los resultados obtenidos vemos que, a medida que avanza el tratamiento, el nivel de hartazgo es directamente proporcional a las ideas suicidas del paciente.

Mientras luchamos por mantener algún nutriente en nuestro cuerpo, las proteínas se esfuman, y ahí es cuando llega el día que los niveles de proteínas salen en una analítica con dos estrellitas; has perdido 10 kilos de la noche a la mañana, el oncólogo se asusta y te manda al endocrino. Y el endocrino sentencia: «Batidos de proteínas [...] dos al día como mínimo». Y eso es imposible.

Los batidos de proteínas tienen sabores; chocolate, vainilla o *capuccino,* pero da lo mismo. Todos son una masa densa, intragable, desagradable, de sabor repugnante, y por mucho que intentes diluirlo en algo (ya sea hielo, agua, leche, zumo o cualquier líquido que tengas a tu alcance) verás que es insoluble: en un desafío a las leyes de la física, conserva siempre su densidad inicial. El sabor (cualquiera de ellos) es indescriptible y la espesura que supone un trago provoca que la sensación estomacal sea igual que la de haber comido un cochinillo segoviano con patatas. No hay nada peor que beber un batido de proteínas y no hay otra alternativa si te ha tocado llegar hasta ellos. Pero aún no sabes que tu calvario solo acaba de empezar.

Solo puedes salvarte de ellos atiborrándote, en esos escasos días entre ciclos en los que te encuentras mejor, a claras de huevos, filetes, quesos y pollo, aunque no se consigue en todos los casos. Desde la plataforma divulgativa que me dan estas líneas insto a la comunidad científica a resolver este serio problema que afecta a la inmensa totalidad de nosotros, los enfermos. Sería de agradecer que los esfuerzos en la investigación oncológica se centraran también en cómo suprimir los batidos de proteínas y buscar sustitutos alternativos, suplementos de pastillas de proteínas quizá, que mejoren la calidad de vida de los enfermos y reduzcan las ideas suicidas tras la ingesta de un batido.

- **Pérdida de cabello**

La alopecia es un tema central en los tratamientos oncológicos. En cuanto se menciona la palabra «quimioterapia» automáticamente, como si un resorte se abriera paso de manera instintiva entre tus neuronas, aparece la siguiente pregunta dirigida al médico: «¿Pero se me va a caer el pelo?». Según qué tipo de medicamentos te administren en la quimioterapia, puede que se te caiga el pelo de un plumazo o puede que tengas suerte y lo sigas manteniendo ahí donde debe estar. El que lo tengas o lo pierdas determina cómo será tu adaptación social; porque, no nos engañemos, el cabello es un pasaporte hacia la «pseudonormalidad social» que te permite ocultar la enfermedad ante las miradas indiscretas de los demás.

«No te preocupes, hay mucha gente que lleva pañuelos y turbantes simplemente porque ha tenido un problema de alopecia. La caída de pelo puede pasarte incluso por estrés. No siempre tiene que ser por un cáncer». Cuestiones así se han sugerido en muchas ocasiones al paciente estudiado (que soy yo). Una vez que se tiene esta premisa, se realizó una encuesta entre una muestra de acompañantes de enfermos de cáncer (solo yo) para saber su opinión sobre la siguiente pregunta: «Pero cuando ves a una mujer con un turbante, ¿qué es lo primero que piensas?». Efectivamente, las respuestas obtenidas en un 100% de las personas encuestadas para este estudio han sido la misma: «Que tiene cáncer». No hay más preguntas, señor juez.

Es inevitable relacionar a una mujer con turbante, pañuelo en la cabeza o cabeza rapada con la palabra «cáncer». Nadie relaciona el hecho con algo que no sea esta enfermedad. Así pues, la pérdida de cabello implica despedirte de tu privacidad e intimidad como enfermo, mostrando a los demás las secuelas de un tratamiento cruel, y ello implica respuestas sociales concretas. A nivel laboral, buscar empleo con un turbante en la cabeza se complica, ya que resulta evidente para el potencial empleador que serás un trabajador que solicitará múltiples horas y días libres para acudir al tratamiento médico; eso a la empresa no le interesa, aunque jamás lo expresará así quien te entreviste e incluso puede que exprese su solidaridad con tu situación. En la red de transportes públicos, desplazarte en metro y autobús con un turbante en la cabeza puede tener sus ventajas, ya que los viajeros suelen cederte el asiento. Acudir a entidades bancarias puede dejar de ser un suplicio si ven que hay alguien esperando con un turbante; por lo general suelen colarte. Pero esta situación no deja de ser discriminatoria, sobre todo si se tiene en cuenta que el ver a una mujer sin pelo tiene mayores connotaciones sociales que ver a un hombre sin pelo por las mismas causas oncológicas. Si un hombre calvo pasea por la calle por lo general no se piensa que es un enfermo oncológico. Si lo hace una mujer esa asociación de ideas es automática. Por lo tanto, la adaptación social para los hombres calvos neoplásicos goza de mejor pronóstico que la de las mujeres. No obstante, para los hombres puede existir un pronóstico social tan nefasto como para las mujeres con turbante si se da la siguiente condición: la pérdida de cejas.

1.2. Lo que no sabes: la incertidumbre

Durante los primeros meses de tratamiento, aún con el *shock* en el cuerpo, uno tiende a pensar que esto simplemente es un «traspié» del que saldrá tarde o temprano. En la actualidad casi todo se cura, así que esto debe de ser tan solo una mala baza del destino. «Seguro que mi cáncer no es tan malo» o «Menos mal que lo han pillado a tiempo» son algunas de las frases que calman el miedo constante cada vez que amanece. Así pues, cuando no se cree en Dios ni en los milagros y se tiene fe ciega en los datos, se suele martillear al médico en cada consulta con preguntas sobre porcentajes de supervivencia a uno, dos, cinco o diez años. 70%, 80%, 90%. «¿Ves?, no es tan malo», me repetía mentalmente. Ese porcentaje que lees o que te dice alguien en el hospital es la única certeza a lo que te agarras, porque no sabes que ese dato está plagado de incertidumbre.

No hay nada más incierto que la reacción de tu cuerpo a un tratamiento oncológico. A medida que te vas hundiendo en los síntomas vas siendo más consciente de lo poco que puedes controlar y de lo incierto que es el viaje. En cada vómito tu cabeza empieza a temblar de miedo, la idea de que quizás el tumor no esté respondiendo bien a la quimioterapia se hace más y más recurrente. Ahí comienza el baile de la duda que acompaña constantemente a todo paciente, lo que se traduce en innumerables pensamientos en forma de interrogantes: ¿responderán mis células?, ¿cómo quedaré tras la cirugía?, ¿y si tengo una recidiva?, ¿podré soportar todo esto de nuevo?, cuando me cure, ¿podré llevar una vida normal? Ante todas estas preguntas, sigues agarrándote a esas tasas de supervivencia de las que te hablaron una vez. Nadie te explica durante el tratamiento que cada caso es único y que cada cuerpo, y por lo tanto cada tumor, reacciona de una manera particular. Que las estadísticas solo son datos que no tienen por qué traducirse en un pronóstico de tu situación y que en la mayor parte de los casos uno se la juega en la cirugía. Conforme avanzan los meses piensas que todo esto tiene un objetivo final, una meta, que es el llegar a la operación y «que me quiten el tumor». Que si luego tienen que reconstruir tu intestino ya se verá, que una vez que llegues a la mesa de operaciones todo por lo que has tenido que pasar por fin termine.

Y con esa idea vives desde un principio, hasta que sientes que la cosa se empieza a complicar cuando estás casi a mitad del tratamiento. Es entonces cuando los órganos empiezan a mostrar síntomas de cansancio y los dolores van en aumento. Algo no va bien y todo se precipita. Si tienes la mala suerte de sufrir una obstrucción intestinal debido a la quimioterapia y eso te lleva de urgencia al quirófano para someterte a una cirugía de la que sales con una colostomía, sabrás perfectamente que es ahí y no en otro momento cuando abrazas con todo tu ser la plenitud de la incertidumbre y tomas plena conciencia de que nadie, ni siquiera los médicos, pueden asegurarte nada. Es justamente ahí cuando abres los ojos a las múltiples variables que determinarán tu caso y que pueden hacer que las cosas salgan mal, incluso la cirugía final. Según un estudio del Hospital Clínico de Zaragoza, con datos del año 2005, en los cánceres colorrectales que han sido extirpados se desarrollan recidivas locales o hepáticas en un 40% (Ramírez-Rodríguez y Aguilera-Diagoa, 2005).

Uno no contempla este porcentaje hasta que le toca. A mí me tocó y fue en ese momento cuando ascendí al nirvana de la enfermedad. Entendí cómo habían sido mis seis horas de operación, hasta dónde arriesgaron los cirujanos y hasta dónde no, los órganos que pudieron salvar y los que no, y comprendí que nada puede hacer uno en el devenir celular, en el vaivén sanguíneo, en el ascenso tumoral. Y por mucho que te digan que tu salvoconducto son los ganglios linfáticos, que si no tienes los ganglios afectados estás libre de recidivas, da igual. Dan igual los ganglios si las células son rápidas y audaces y encuentran torrentes sanguíneos en los que crecer y reproducirse alegremente.

La vida, como el cáncer, está llena de incertidumbres. Pero la vida, a diferencia del cáncer, puede tener incertidumbres predecibles, es decir, puedes predecir que mañana vaya a llover, aunque no la intensidad del aguacero que te dejará calado hasta los huesos. El volumen de agua es una incertidumbre pero es bastante predecible que te vayas a mojar. En el cáncer no. Todo es impredecible. No puedes saber cómo reaccionarás a la quimioterapia hasta el final, hasta que te hagan las pruebas diagnósticas de imagen. No puedes intuir cómo quedarás tras la cirugía hasta que no pases por la etapa del posoperatorio y vayas pasando por las pantallas de la evaluación. No puedes saber si el cáncer volverá hasta que no dé la cara de nuevo, hasta que no vuelvas a ser un ente de luz iluminado por los isótopos radiactivos en un PET-TAC. Y cuando vuelves a ser un Gusy Luz[3] tu nivel de cabreo alcanza límites insospechados, mucho mayores que la primera vez.

Gráfico 3. Grado de enfado de un paciente diagnosticado de cáncer colorrectal

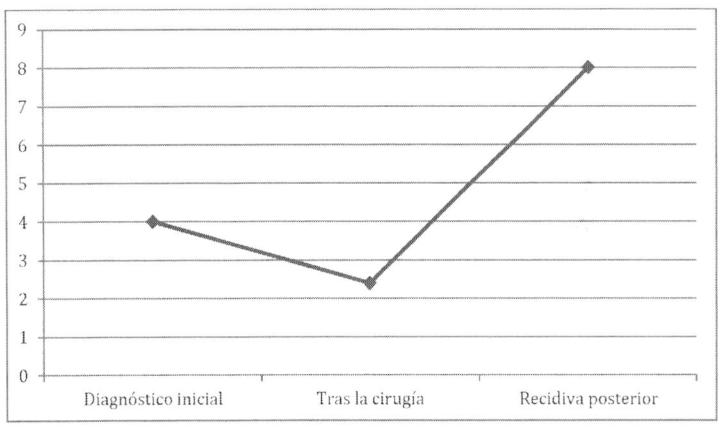

Fuente: Elaboración propia a partir de datos corporales cuantificables (2024).

Suele ocurrir que el nivel de enfado es directamente proporcional al grado de incertidumbre que atraviesa el paciente en cada una de las fases del tratamiento, ya sea con recidiva o

3. Gusy Luz es un antiguo muñeco que fue introducido en España en el año 1982 desde Estados Unidos por Moltó. Entre 1983 y 1984 Moltó comercializa su propio modelo de gusano de juguete luminoso fabricado íntegramente en España con diferentes elementos del juguete estadounidense. Gracias a la luz del gusano, consigue ser de gran ayuda para el miedo a la oscuridad de los niños a la hora de dormir. En 1984 salen al mercado Hippo Luz y Doggy Luz. En el año 2015 Gusy Luz se convierte en superhéroe, un gusano con capa de la mano de DC Comics, así que existen en el mercado gusanos luminosos Superman y Batman.

sin ella. Además, se ha comprobado ampliamente que dicho nivel de enfado aumenta a la vez que disminuye la paciencia del enfermo. A más cabreo, menos paciencia. En pacientes con diagnóstico muy avanzado de cabreo, la paciencia suele perderse por completo y es por tanto una de las pérdidas emocionales más significativas, tal y como se apuntaba en la tabla descrita en el apartado anterior. En fases terminales de malestar y cabreo cronificado también, además de la paciencia, suelen perderse los nervios.

Otra cuestión que nadie te dice nunca al principio del tratamiento es que con el cáncer hay que madrugar mucho. Es una enfermedad para madrugadores, para gente activa, nada de vaguear. Por lo general, las citas en el hospital de día suelen ser a primera hora de la mañana, las cirugías programadas hacen que ingreses en el hospital cerca de las seis de la mañana, las analíticas cada semana se hacen a las ocho de la mañana. En fin, todo está perfectamente diseñado para que uno se levante al amanecer y se someta al periplo de paseos por los pasillos del hospital, salas de espera y consultas médicas. En raras ocasiones esto ocurre por la tarde o a una hora en la que haya dado tiempo al menos a desayunar.

1.3. La culpa

Desde el mismo momento en que alguien de bata blanca determina el fatídico diagnóstico que definirá tu destino, uno se siente responsable y culpable, a la deriva de su futuro incierto. Si no puedes achacar el motivo de tu tumor a adicciones o a malas decisiones tomadas a tontas y a locas durante años y años de juventud y desenfreno, eliminas ese sentimiento de responsabilidad por actos que hayas realizado. Pero la responsabilidad que todo enfermo siente durante el viaje que inicia va más allá de explicar ese «por qué me ha tocado a mí». La responsabilidad lo sigue acompañando a uno durante todas las fases del tratamiento, y esa responsabilidad trae de la mano un enorme sentimiento de culpa. Esa gran palabra, «la culpa», lleva conviviendo en las sociedades occidentales más de dos mil años, desde el comienzo de las religiones, da igual si son monoteístas o politeístas. En el cristianismo, por ejemplo, la culpa está estrechamente vinculada con el pecado original. Por lo tanto, todo humano nace pecador y culpable. Por eso, aprendemos desde que nacemos en una sociedad marcada por la tradición judeocristiana que todo lo que nos sucede, sobre todo si es malo, es por nuestra culpa. Al igual que nuestros antepasados cuando les salía mal la cosecha o se les había muerto un becerro, nosotros también pensamos que si algo nos va mal es porque hemos hecho algo para merecerlo. Porque somos pecadores y el pecado conlleva la culpa y el castigo, cuando el concepto del pecado solo deriva de un código de conducta, de unas normas básicas de convivencia más o menos presentes en todas las sociedades. En general, si uno se para a pensar, el concepto de la culpa se inventó en todas las religiones para que siempre fuera tuya y nunca de otro. Todo lo malo que te pasa siempre es por tu culpa y no por la culpa de otro. Aunque poco a poco las sociedades, que cada vez son más tecnificadas y científicas, nos abren los ojos ante la volatilidad y variabilidad del universo, las múltiples opciones de sucesos existentes y las probabilidades de que ocurra un fenómeno sin que nosotros tengamos voz ni voto en el asunto. Aun así, en el subconsciente de cada uno siempre aparecerá la voz de nuestra culpa. La procesión siempre se lleva por dentro.

Muchas veces los pacientes piensan que si se les obstruye el intestino es por su culpa, porque han hecho algo mal o han comido tal y cual cosa, pero no es así. «No has hecho nada malo». Eso me respondió el cirujano cuando le pregunté: «¿Qué ha pasado? ¿He hecho algo mal?», mientras estaba postrada en la cama después de una cirugía de urgencia porque el intestino se me había inflamado, luego perforado y finalmente obstruido. Pero la culpa no fue mía, sino de la quimioterapia, que no entiende de religiones. Y en ese momento me presentaron a mi nueva mejor amiga, «la colostomía», que me miraba como un ojo que se abre por primera vez desde la costilla derecha con cierta incredulidad ante su nueva situación. «Hola, intestino, a partir de ahora esta parte de ti verá mundo». La vida con una colostomía es un gran invento lleno de vericuetos. Al «a todo se acostumbra uno, al final terminas acostumbrándote», me dan ganas de contestar: «Pues acostúmbrate tú a que te salga una parte de tu intestino por la costilla», pero, claro, una aún tira de educación y reprime sus instintos más primarios. Las primeras semanas que veía cómo un trozo de mí socializaba con el entorno no podía parar de pensar en quién narices habría inventado esto para facilitar la supervivencia en aquellos que, como yo, tenían obstrucciones intestinales. Y cuando empiezo a investigar sobre el tema leo que ya hacían este tipo de aberraciones corpóreas en la Grecia clásica, aunque con poco éxito de supervivencia. Las primeras intervenciones de colostomía para casos de neoplasias se dan en Europa en el siglo XVIII, con las mismas pocas tasas de supervivencia que en la Grecia clásica, lo que por lo visto no desanimó a los médicos. En el siglo XIX, en concreto en 1839, se publicó el primer tratado sobre cómo abrir el colon sigmoide en la región lumbar para evitar contaminaciones a través de un estoma inguinal. En concreto este artículo se tituló: *Notas sobre la posible construcción de un ano artificial en la región lumbar sin entrar a la cavidad peri-*

toneal. El artículo se basaba en un estudio de un médico loco, un tal Amussat, que reportó veintinueve enfermos con colostomía a los que esta se les había exteriorizado en la región lumbar izquierda. De esos veintinueve, veinte murieron por peritonitis y cinco por otras causas. Al experimento solo sobrevivieron cuatro. La cosa no pintaba muy bien hasta que en el siglo XX se empezaron a mejorar las técnicas quirúrgicas, cómo no, en perros. Todo ha avanzado mucho hoy en día, y rara vez se muere alguien por llevar una colostomía. Además, ahora son muy discretas, las bolsas de descarga no huelen y son desechables, no como hace sesenta años, cuando tan solo existían dispositivos muy voluminosos, antihigiénicos, con escasa adherencia a la piel y que producían llagas y heridas al paciente. La vida sigue, pienso cada vez que me miro al espejo desnuda antes de meterme en la ducha, aunque intento no mirar a mi nueva mejor amiga, y de momento lo realmente importante es que siga, tanto ella como yo. Aunque sea con esa culpa que aparece y desaparece cada vez que una prueba o analítica no sale como uno espera. La culpa que atormenta y martillea la conciencia del enfermo en cada ciclo de quimioterapia, hasta que poco a poco empiezas a descubrir lo complicado que es entender al cuerpo humano, la poca capacidad que tienes de controlarlo y las múltiples variables que lo determinan y escapan a tu control, sencillamente porque no las conoces.

1.4. El código interno de los enfermos

Nosotros los enfermos tenemos un lugar especialmente diseñado para nuestra socialización con personas como nosotros, enfermos también de cáncer. Ese lugar es el «hospital de día». La primera vez que una entra en ese hospital ambulatorio para recibir su dosis de quimioterapia se le hiela la sangre. Cierto es que las enfermeras y todo el personal que trabaja en él hacen que tu estancia sea lo más agradable posible, ya tengas que estar una hora o seis, siempre hay una sonrisa y respuesta ante cualquier petición del huésped que ocupa el sillón de turno. Pero el panorama que ves a tu alrededor es denso, gris y cruel. Ahí, sentada en el sillón-cama que te han asignado, te das cuenta de hasta dónde puede llegar la enfermedad. Es inevitable compararse en ese momento con los demás y pensar: «Pues yo no estoy tan mal», tomando únicamente en cuenta la variable de la apariencia física del resto, porque de lo demás uno no entiende nada. En este espacio de esparcimiento y distracción hay una serie de códigos de socialización que cada paciente aprende conforme avanzan los ciclos de quimioterapia. Esos códigos empiezan en la sala de espera, cuando uno va con el papel de su oncólogo para que la enfermera que organiza horarios y turnos le indique cuándo van a darle la cita para ingresar. En esta salita llena de gente hay ciertas conductas que están prohibidas:

- No puedes colarte, pero tampoco puedes pedir la vez para saber quién ha llegado el último. Solo puedes intuir con la mirada algún gesto que te indique «vas detrás de mí».

- No puedes llamar a la puerta del hospital de día. La enfermera saldrá cuando ella lo considere más oportuno, sin agobios.

- No puedes sentarte en las sillas de la sala de espera si hay alguien que tiene peor pinta que tú. Las sillas están para aquellos pacientes oncológicos de mayor rango y autoridad.

Una vez dentro, después de que te hayan indicado qué día y a qué hora tendrás que ingresar, inicias tu andadura en un espacio en el que no se permiten acompañantes. Estás sola con tu enfermedad y con otros iguales a ti. Ahí dentro, también hay una serie de códigos de buenas prácticas para socializar. Para mayor comprensión del lector, debido a la complejidad de esta experiencia y a las múltiples variables a tener en cuenta, las he dividido en las siguientes fases:

Fase 1: Bienvenida

La primera vez que entras en esa sala repleta de sillones abatibles y cacharros que pitan uno se siente más perdido que un pulpo en un garaje. Mentalmente piensas: «Yo no debería estar aquí», pero estás. Te diriges al sillón que te han asignado y esperas, callada, a que te digan qué van a hacer contigo, cómo te van a inyectar y cuánto tiempo dura cada medicación. No has dicho nada a nadie. No has saludado, ¡error! En ese momento todo el mundo sabe que eres un pardillo y que es tu primera vez. Así que el enfermo de más edad y rango dentro de tu sección, avezado en la materia, se dirige a ti y te da la primera lección para socializar: «¡Buenos días!». Ahí caes en la cuenta de la primera regla: hay que saludar. Siempre, en el momento que llegas a tu sillón, has de dirigirte al resto de enfermos de tu área y uno a uno mirarlos a los ojos y desearles un buen día. Si no lo haces, nunca serás un enfermo respetado por tus iguales y nunca podrás crear lazos fraternales con tus congéneres.

Otro aspecto importante a tener en cuenta es el número de veces que tienes que repetir tu nombre a una enfermera. En el momento de la entrada dices: «Pepito Pérez» en voz alta. Cuando te asignan tu sillón-cama te preguntan: «¿Cómo te llamas?», «¡Pepito Pérez!», «¿Seguro, repítelo?», «¡Pepito Pérez!». Y cada vez que te preparan un sobre de medicación te preguntan: «¿Cómo te llamas?», «¡Pepito Pérez!». Suelen decirte que tanta pregunta sobre tu identidad es para asegurarse de que la medicación que te administran es para la persona adecuada, no vaya a ser que te pongan un oxaliplatino que no te corresponde. Pero en realidad lo hacen para saber si tienes alguna disociación o trastorno de personalidad. Si en alguna pregunta respondes un nombre distinto, según sales del hospital de día te espera la consulta de Psiquiatría.

Fase 2: Los primeros tratamientos

Una vez superada la fase de bienvenida los primeros ciclos discurren en una apacible soledad. En las horas que cada paciente tiene que estar atado a una máquina, que por goteo va administrando la medicación, por lo general la distracción para todos los enfermos es el móvil, más que los libros. Se ven pocos libros. Conforme avanzan las visitas al hospital uno gana en confianza. Ya sabes saludar al entrar y vas preparado con tu kit de supervivencia: libros, *tablet*, móvil con la carga completa y, como ya controlas algo los primeros efectos secundarios de la medicación, incluyes algo para picar porque a la hora y media de estar enchufado a la máquina te vendrá la primera sudoración o la primera náusea.

Es a mitad de tratamiento cuando uno es consciente de la estratificación social que organiza a los pacientes de cáncer en estamentos, que crean y promulgan los propios pacientes. Esta organización suele basarse en dos cuestiones básicas:

1.- El tipo de tumor que tiene cada paciente.

2.- El tipo de catéter que le han puesto a cada paciente.

Atendiendo al primer punto, si bien es cierto que al haber un mayor número de mujeres que hombres en los hospitales de día, al menos en mi experiencia, los cánceres de mama presentan una hegemonía casi dictatorial en la relación que tienen con otros tumores. Muchos de estos tumores mamarios se vanaglorian de su buen pronóstico y se lo restriegan por la cara al resto de los tumores, que reivindicamos justamente que se nos escuche y tener una respetada posición social en el hospital de día. Por lo general los cánceres colorrectales suelen hacer una piña junto con los de vejiga (por estar en zonas corporalmente afines) y los de laringe. Con estos últimos no tengo muy claro por qué, pero nos llevamos muy bien. Con los cánceres de pulmón también solemos tener buen rollo, porque sabemos que tarde o temprano, si se produce una recidiva, el colorrectal se convertirá en cáncer hepático o de pulmón.

En segundo lugar, el tipo de catéter determina el estatus social de cada enfermo en su socialización. Según el estudio de campo que he realizado para la elaboración de este manual en el Hospital Clínico de Madrid, pueden darse tres tipos de pacientes en función de cómo se les administra la medicación:

- *Paciente 1. «Si las venas lo soportan»:* este tipo de paciente va a pelo a que le pongan una vía temporal en la mano o en el brazo durante el tiempo que dure la administración de la medicación. Eso implica que tiene un diámetro venoso lo suficientemente importante para que aguante el flujo de la quimioterapia sin sentir dolor. En algunos casos, cuando el enfermo hace una ligera mueca, las enfermeras le ponen una manta fría sobre el brazo con el objetivo de calmar su sufrimiento. La personalidad de este tipo de pacientes suele ser altiva, confían mucho en sus venas y en su fortaleza sanguínea y alardean en algunos casos de no haberse sometido a ningún tipo de intervención inicial para implantarles un catéter.

• *Paciente 2. «PICC ambulante»:* en este caso, el enfermo se ha sometido previamente a una aberración médica ambulatoria consistente en mantener un catéter periférico en el brazo de manera permanente hasta que finalice el tratamiento, cuya sonda insertada internamente a través de una arteria periférica suele ir directamente hacia la vena cava superior y de ahí al corazón. El paciente tiene que hacerse cargo del cuidado y tratamiento del PICC, atendiendo semanalmente a su heparinización. Al sufrir este tipo de atrocidad, llega al hospital de día algo diezmado, con una personalidad temerosa e insegura sobre sus capacidades y fortalezas corporales. Suelen ser pacientes retraídos inicialmente, pero que con el paso del tiempo, si se les da la oportunidad, suelen crear pocos lazos emocionales pero muy duraderos en el tiempo, ya que saben que el catéter les será extraído de su brazo en cuanto acaben con el tratamiento.

• *Paciente 3. «Catéter venoso central tunelizado»:* en este tipo de paciente se han infringido todas las reglas de la moralidad social, habiéndosele sometido a una pequeña intervención con anestesia local, consistente en implantar una sonda que se introduce debajo de la clavícula derecha hasta la vena cava superior, y a la vez insertar un repositorio de silicona debajo de su piel conectado con la sonda a la altura del pecho. Es en este repositorio, que para entendernos es como un alfiletero de esos que tenían las abuelas, donde el paciente recibe los pinchazos de turno para su medicación. Este catéter suele durar en el cuerpo del paciente años, ya que está especialmente indicado para los casos de tratamientos a largo plazo, ya sean constantes o intermitentes. Los enfermos de esta categoría llegan al hospital de día francamente cabreados por la experiencia traumática vivida, que los aboca a desarrollar una personalidad tipo «kamikaze» en la que se erigen por encima del bien y del mal después de haber sobrevivido a dicho experimento científico. Para entendernos, los que pertenecemos a este tipo somos como los presos que en las prisiones cumplen las penas más largas. Mucho cuidado con nosotros.

Los pacientes tipo 2 y tipo 3 suelen llevarse bien, ya que se reconocen en su sufrimiento previo, tienden a relacionarse de igual a igual, compartir experiencias y juegos segregando en ciertos aspectos a los pacientes tipo 1, que alardean de venas. Los pacientes tipo 3 adoptan un papel de mentor de sufrimiento para los tipo 2, ya que las conversaciones más comunes que se dan entre ellos versan sobre la pregunta: «¿Y a ti cómo te han puesto el catéter?», que es casi como preguntar: «¿Y a ti cuántos años de condena te han caído?». Este tipo de experiencias compartidas alejan a los pacientes tipo 1 de su proceso de socialización en el hospital de día y tan solo les queda aferrarse en sus venas mientras sigan funcionando, como si estuvieran con la condicional. Yo siempre he sido paciente tipo 2 y tipo 3, por lo que mi buena posición social en el hospital de día ha estado asegurada.

Fase 3: Cuando repites curso

En algunos casos se tiene la suerte de sufrir una recidiva. Es decir, una vez que piensas que te has despedido para siempre del hospital de día, vuelves a caer en él como en la casilla de la muerte en el juego de la oca. Por lo general, en este tipo de casos los que pasaremos desde ahora a denominar pacientes tipo 4 han sufrido varias de las aberraciones en la gestión de su catéter descritas anteriormente, y una vez que se sientan en el sillón-cama presentan cierta sensación de calma y tranquilidad que emana de la sabiduría que les ha proferido haber vivido esta experiencia anteriormente.

En el transcurso de su estancia en el hospital de día, escuchan susurros de nuevos pacientes que con cierta ligereza y prepotencia hablan de sus porcentajes de curación. Es en ese momento cuando los pacientes tipo 4 imponen su soberanía ante los recién llegados al sillón, explicándoles de la mejor manera posible que a ellos también les dieron porcentajes a los que aferrarse y que sin embargo están ahí, por segunda vez. Una vez que un tipo 4 se impone ante el resto de los enfermos se hace el silencio.

También he tenido el placer de ser un paciente tipo 4, pero de momento no he hecho uso de mi soberanía oncológica ante el resto de pacientes recién llegados. Aunque nunca hay que decir eso de que de este agua no beberé.

PARTE 2: ELLO

Nosotros los enfermos oncológicos somos seres sociales que nos relacionamos con el resto de seres humanos, si son sociables. Pero nuestras relaciones, al igual que nosotros, también cambian cuando los demás toman conciencia de nuestra enfermedad y de la situación llena de dificultades diarias por las que pasamos. En este punto es cuando debemos entender que los demás ya no nos tratarán igual que antes, cuando éramos personas sanas, sino de manera distinta, y en gran parte de los casos de una forma nada acertada. Les produciremos lástima, miedo o compasión, pero difícilmente provocaremos en los demás las mismas sensaciones que antes de caer enfermos. Gran parte de las personas que rodean al paciente tienden a minimizar los riesgos y la situación en general con altas dosis de esperanza y ánimo, porque, en realidad, son ellos mismos los que necesitan ese ánimo para afrontar las noticias médicas y camuflar sus propios miedos, pensamientos y sentimientos ante lo que escuchan por nuestra boca, ya que ellos, aunque es posible que piensen lo mismo, nunca se atreverían tan siquiera a pronunciarlo, por lo que lo transforman en buenos deseos. El ser humano está programado para buscar un entorno hedónico, lejos de situaciones estresantes o dolorosas que supongan un reto considerable en su sistema de frustraciones. Se trata de no salir de eso que ahora llaman la zona de confort, y no hay nada que te arrastre más lejos de esta zona de confort que el cáncer, tanto al enfermo como a los que se relacionan con él.

Friedrich Nietzsche dijo algo así como que a veces la gente no quiere escuchar la verdad porque no quiere que sus ilusiones se vean destruidas Esta parte va de eso, de cómo todos los que están alrededor cambian y adoptan roles más o menos disparatados en sus discursos.

2.1. Programa de protección de cuidadores tumorales

El cáncer es una apisonadora para el paciente, podríamos decir que puede llegar a ser hasta una trituradora. A la persona que convive con el enfermo también le pasa por encima la misma apisonadora y termina igualmente machacado. Acompañar a su familiar a las innumerables citas y pruebas médicas, ver cómo poco a poco el cuerpo de su ser amado va diezmándose sin poder hacer nada es para los familiares una agonía digna de la peor tortura en una cárcel tailandesa. Los que están al lado también sufren, y mucho. El apoyo emocional o psicológico que se les da a los familiares cercanos es prácticamente nulo. El médico u oncólogo puede facilitar a los pacientes en la medida que lo vea necesario la derivación psicológica para su atención mental, pero para los acompañantes no hay nada. Solo si se lo pagan, recurriendo por lo tanto a la atención de su salud mental de manera privada, los familiares cercanos tienen algún tipo de apoyo para afrontar una situación en la que empiezan a asumir nuevos roles sin tener tiempo para digerirlos tan siquiera: cuidador, enfermero, secretario o empleado/a de hogar; y dejan a un lado los roles anteriores que tenían asignados en el seno familiar.

Y ni siquiera la gente con vocación de cuidadora tiene ganas de cuidar de los suyos. A no ser que se tenga el síndrome de Münchhausen por poderes[4], lo que quiere es que la familia esté bien, gracias.

En algunos momentos, muchos, quizá en casi todos los momentos, los seres queridos tienen el impulso secreto e inconfesable de desaparecer. El enfermo no puede escapar de la cruel realidad que le ha tocado vivir, pero su cuidador, cuando es un familiar, tampoco. Por muchas tentaciones de huir que este vaya a tener ante algunos de los episodios que le va a tocar contemplar con la impotencia de saber que no puede hacer nada, se tendrá que quedar sosteniéndole la mano o la cabeza cuando el enfermo vomita sin parar, abrazándole cuando el miedo le venza o esperando como un gato enjaulado a que salga por fin de una de las muchas pruebas a las que lo van a someter. No hay escape para el cuidador, porque a ver quién tiene los huevos de abandonar a quien está pasando por todo esto. Ya no solo por su propia conciencia, sino también por el qué dirán. Porque a ver cómo reconoce cuando le pregunten por su ser querido enfermo que ha salido corriendo y ahora vive en una pensión del centro, que aunque es algo incómodo, está mucho más tranquilo.

Quizá para este tipo de casos el Estado debería tener un programa por si el familiar del paciente lo solicita, para facili-

---

4. En 1951 el doctor Asher describe por primera vez el síndrome de Münchhausen por poderes: es una enfermedad mental en la que el cuidador suele inventar síntomas que no son reales o los provoca, mostrando ante los demás que la persona que cuida siempre está enferma. Se trata, por lo tanto, de un tipo de maltrato en el ejercicio de los cuidados. En el DSM-IV se lo identifica como «trastorno facticio» y en el CIE-10 de la OMS está dentro del epígrafe F68.1.

tarle una nueva identidad lejos del cáncer, un sistema similar al programa de protección de testigos. El Estado se haría cargo de todos los trámites, con el fin de que el familiar consiguiera dos cuestiones básicas:

1. Volver a empezar con una nueva identidad.

2. No tener que sufrir los juicios y miradas de terceros por la falta de entereza. Al fin y al cabo, todo el mundo debería tener derecho a rendirse.

Esta sería una manera de volver a reinsertar a estos familiares tan necesitados en la sociedad y darles una segunda oportunidad, ya que han sido perseguidos por neoplasias malignas y desean tener una nueva vida. Porque de la misma manera que el enfermo ve cómo su existencia social, e incluso laboral, se ve reducida a citas con personas que visten batas blancas, el cuidador también pierde gran parte de su vida social. En este «programa de protección de cuidadores tumorales» se tendrían que establecer unas pautas de acceso, porque no todo vale:

- Acreditar que uno es una víctima oncológica presentando su documento de identificación como familiar de un paciente, el historial médico de su familiar afectado y una solicitud ante cualquiera de las siguientes autoridades:

    o Policía Nacional
    o Ministerio del Interior
    o Unidad Central de Protección a las Víctimas

- En el caso de que al familiar se le niegue su inclusión en el programa de protección de cuidadores tumorales, se debería al menos tener derecho a presentar un recurso con los datos actualizados del estado de salud de su familiar, para mostrar su disconformidad con el fallo e instar a una reevaluación.

Cabe indicar que, dada la situación que nos ocupa, el acceso a este sistema deberá ser libre de tasas administrativas, que bastante está pagando ya un cuidador por tener a un familiar enfermo de cáncer.

2.2. Los animadores

Para nosotros, los pacientes, debería haber un sistema especial en los canales de comunicación instantánea de nuestros teléfonos móviles que reportara como *spam* cierto tipo de mensajes absurdos que, lejos de animar, alejan al enfermo aún más de las personas que los emiten, ahondando en la frustración que suponen los largos tratamientos y la incertidumbre a la que nos enfrentamos durante todo el proceso. Algunos ejemplos reales, obtenidos específicamente en el estudio de caso que nos ocupa para la elaboración de este manual, se citan a continuación:

«Te abrazo fuerte y te mando mucha energía para superar el traspié que encontraste en tu camino. Estoy segura de que podrás con él».

«Te queda el último escalón y podrás ver las cosas con más optimismo».

«Que este año que se cierra te dé todo el impulso y la fuerza para empezar uno nuevo que será el de tu recuperación y bienestar».

«La vida es para los luchadores, tienes que luchar en esta batalla. Si luchas, ganarás».

«Te mando mucho ánimo y mucha energía. Ya verás como todo se supera con mucho ánimo».

«No te preocupes por las pruebas, ya verás como todo saldrá bien».

«Ya te queda poco para que te pongas bien, mucho ánimo».

«Te deseo mucho ánimo y mucha fuerza para esta batalla, vas a ganar».

Los mamíferos pertenecientes a la especie *Homo sapiens* que responden a este patrón de comportamiento suelen vivir en un ecosistema ajeno a todo tipo de realidad. Puede pasar un tsunami o cualquier tipo de catástrofe ante ellos, que siguen manteniéndose impertérritos, respondiendo de igual manera «ánimo, mucho ánimo». Por lo general, suelen afrontar una situación oncológica como si fueran una animadora dando vítores y saltos para motivar a su equipo de baloncesto favorito, asumiendo que lo del cáncer o bien es una competición deportiva o una batalla; en cualquiera de los dos casos el objetivo es «ganar». Su perfil psicológico a la hora de mantener relaciones personales se caracteriza por escasa imaginación y poca empatía hacia los demás, así como por un alto grado de narcisismo personal y hedonismo social. Cuando se enfrentan a un entorno canceroso tienden a mostrar dos tipos de respuesta:

1. Distanciarse del problema, de las informaciones sobre el diagnóstico y el pronóstico y, por supuesto, de los sentimientos del enfermo.

2. Recurrir a la metáfora de la «batalla contra el cáncer», pensando que con desearte ánimo te dan un arma más que suficiente para que tú, que bastante tienes con ser un enfermo, te pongas la armadura de guerrero y empieces a dar mandobles con tu ánimo a diestro y siniestro, porque como tienes el ánimo de todo el mundo seguro que vencerás al cáncer, que no es otra cosa que una proliferación caótica de células en determinadas partes del cuerpo. Con tu ánimo y con el ánimo de aquellos que lo desean, serás capaz de frenar la proliferación celular. Y si no lo consigues es porque probablemente no has tenido el ánimo suficiente.

En el primero de los casos su primitivo instinto de supervivencia les obliga a buscar comentarios positivos, sensaciones placenteras e informaciones alentadoras. No les suele gustar que el enfermo o el familiar de turno les informe sobre la realidad del proceso o comparta con ellos las vicisitudes o dificultades por las que se pasa durante el tratamiento. Si el enfermo les comenta que está bajo de moral, su respuesta es «ánimo» muchas veces acompañado de una palmadita en la espalda. Si se les informa de cirugías difíciles o síntomas adversos, suelen contestar «pronto verás todo con mejor ánimo» o con «mucho ánimo». En diversos estudios se ha comprobado que cuando a un enfermo oncológico se lo somete a este tipo de soplapolleces los indicadores tumorales aumentan exponencialmente; por lo que el número de «ánimos» que escucha el enfermo es directamente proporcional al nivel de proteínas cancerosas que segrega el organismo de un enfermo, como bien se indica en el siguiente gráfico según los datos obtenidos a lo largo del año 2023:

Gráfico 4. Relación entre el volumen de soplapolleces y los indicadores tumorales de un paciente oncológico

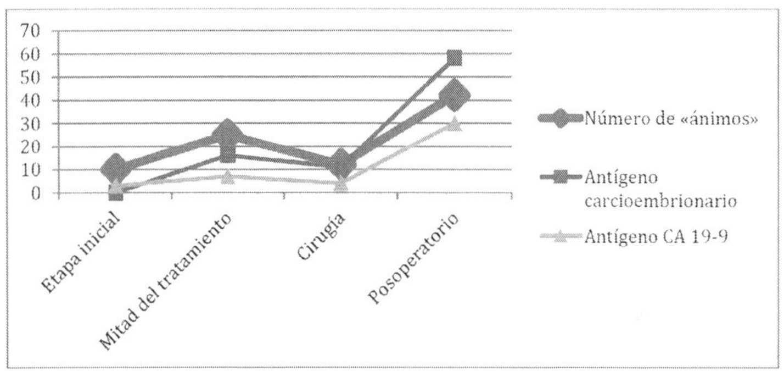

Fuente: Elaboración propia (2024) a partir del estudio de caso realizado en base a la experiencia empírica personal en 2023.

La vida para este tipo de personas discurre por el camino del alejamiento físico y emocional respecto a cualquier congénere de su especie que sufre una situación complicada o traumática. Es en este tipo de casos en los que debería existir un protocolo que permitiera una orden de alejamiento para estas personas de los pacientes con cáncer, porque lo único que consiguen es que el enfermo se sienta mal por no obtener el tan anhelado ánimo que se le impone y, además, por no conseguir que sus indicadores cancerígenos bajen.

En definitiva, por seguir teniendo cáncer.

En el segundo de los casos, cuando este tipo de personas abanderan la lucha contra el cáncer con su ánimo entienden que gracias a tu fuerza de voluntad serás capaz de frenar la proliferación celular. Porque esa proliferación celular, y por lo tanto la enfermedad en sí misma, es una batalla. Esta cuesción tan solo se da en el cáncer. En ninguna otra enfermedad se habla de manera tan belicista de un tratamiento y un proceso. Con el cáncer, en cambio, una enfermedad deja de ser una enfermedad y se convierte en una cruzada, en una lucha, en una batalla. El enfermo automáticamente tiene que dejar de ser un enfermo a nivel social para convertirse en un guerrero. Pierde cualquier atribución de ser enfermo para entrar en un *ring* de boxeo sin guantes y sin protecciones. Por lo tanto, si no consigues ganar es porque probablemente no has tenido el ánimo suficiente o no has llegado a disponer de una fuerza mental merecedora de haberte librado del cáncer, por lo que, en resumidas cuentas, el que te cures o no depende única y exclusivamente de ti. Y no hay nada más aterrador, porque no hay nada tan impredecible como esta enfermedad y porque es imposible que dirijas tus células al lugar donde deberían estar. No tienes ninguna herramienta para ello. Tú no eres el médico, solo eres el enfermo. Pensar que uno puede controlar, lidiar y predecir su pronóstico final meramente con su fuerza mental es tan abominable como cruel. Pensar que todos aquellos que el cáncer se ha llevado por delante no han sabido luchar es una brutal aberración. En ese discurso apocalíptico, en el que en resumidas cuentas se te está diciendo: «Si no tienes el suficiente ánimo, no vas a ganar, no vas a ponerte bien». Se está poniendo sobre ti todo el peso como enfermo, la carga de tu propia enfermedad, porque con tu cabeza todo lo puedes. Tienes prohibido deprimirte porque eso es malo para superar tu cáncer. No puedes estresarte, porque es malo para superar tu cáncer. No puedes llorar ni cagarte en dios porque eso no te viene bien para tu tumor. A partir de ahora tendrás que poner tu mejor cara todos los días para cumplir con ese prototipo de «enfermo guerrero» que todo lo puede. En caso de que consigas salir adelante darás una «lección de coraje» al resto de la humanidad. Y de eso se trata. De que ellos, a los que les gustan las batallas, puedan decirte en un momento determinado «menuda lección de coraje nos has dado a todos», «eres un superviviente», sin poderles responder que en esa supuesta lección de coraje que pretenden que les des, más por ellos que por ti, tú has estado muerto de miedo día tras día y hora tras hora.

Una manera de intervenir terapéuticamente en este tipo de conductas disfuncionales es intentando hacerles entender que acompañar a un enfermo de cáncer es más sencillo que todo eso. Que simplemente hay que escuchar, muchas veces en silencio, y preguntarle qué tal está o si necesita algo, porque todo lo demás que pueda decirse o bien son frases hechas o bien son clichés sociales. No en todos los casos se consigue una reinserción social de este tipo de personas, pero existen casos, no muchos, en los que se ha conseguido que entiendan algo.

2.3. Los gurús

Las teorías conspiranoicas llegan a todas partes y a todas las situaciones, también al cáncer. Willem van Prooijen, de la Universidad de Ámsterdam, dice en su libro *The Psichology of Conspiracy Theories* que existen cinco componentes que debe cumplir una teoría para que sea clasificada como conspiranoicas. Son:

1. *El patrón:* las teorías deben asumir que los hechos no se han producido por coincidencia.

2. *La intervención:* se suele atribuir la responsabilidad del hecho a fuerzas inteligentes superiores a nosotros en poder y estatus.

3. *El grupo:* este tipo de ideas siempre se comparten en un grupo o coalición que suele alimentarlas.

4. *Hostilidad:* por lo general, los autores a los que se atribuye el hecho tienen fines perversos para la sociedad, malvados y egoístas. Van en contra del interés general.

5. *El secreto:* siempre se supone que las fuerzas inteligentes actúan en secreto para no exponer públicamente sus intereses.

El mismo autor da una definición a mi juicio bastante acertada de lo que es una teoría conspiranoica: no es otra cosa que «una reacción natural a situaciones sociales que generan sensaciones de miedo y/o incertidumbre». Y qué hay más incierto que el cáncer y su evolución, por eso no ha escapado a estas teorías y a que ciertos gurús que las difunden faciliten a los enfermos oncológicos sus recetas contra la enfermedad. Algunos de los mensajes que como pacientes podemos escuchar de este tipo de personas se reflejan a continuación:

«Los médicos de esto no entienden, hazme caso a mí».

«El cáncer lo están generando las grandes farmacéuticas, que tienen muchos intereses en ponernos enfermos para vender sus tratamientos».

«Últimamente se están dando muchos casos de cáncer por la vacuna de la COVID-19, porque nos han cambiado la genética con las vacunas».

«Yo sé mucho sobre cáncer porque he leído mucho sobre esto. Los médicos están trabajando para las farmacéuticas. La Fundación Rockefeller lleva años denunciando que son estas las que están detrás del cáncer».

Por lo general, con estos personajes poco se puede razonar, ya que cualquier cuestión que se les quiera argumentar sobre cuál ha sido el origen, la posible causa y las perspectivas que te dan los médicos sobre tu estado a ellos no les sirve. Porque son respuestas normativas y sociales y ellos saben perfectamente que eso es lo que las fuerzas inteligentes quieren que pienses. Por lo que su misión para salvarte es hacerte entender que si tienes cáncer es porque algo o alguien con más dinero que tú y más recursos que tú, y mucho más inteligente y perverso que tú, ha conspirado contra ti y el universo y se ha molestado en hacer que lo padezcas (el tumor y al susodicho iluminado). ¿Y por qué a mí exactamente? La respuesta a la pregunta de partida que te lleva acompañando desde el minuto cero de la enfermedad la tienen estos gurús. Pero, ¿por qué esas fuerzas superiores no diseminan el cáncer por todo el mundo?, ¿por qué nos toca a unos sí y a otros no? Eso ya no te lo saben explicar. Lo que te recomiendan es que no sigas los tratamientos médicos convencionales, porque toda la medicina está vendida a los intereses de poderes oscuros.

Suelen aconsejarte remedios homeopáticos, holísticos, naturistas o caseros para luchar contra el cáncer que en gran parte de los casos forman parte de otro patrón de personalidad «los catedráticos de la Universidad de la Calle», a los que pronto llegaremos.

De momento no se ha demostrado que ningún tipo de terapia de reestructuración cognitiva pueda favorecer su reinserción social. En algunos casos se ha intentado someterlos a terapias de choque o confrontativas a través de argumentos lógicos, pero sin ningún tipo de resultado. Tampoco suelen funcionar las respuestas educadas, tipo: «Gracias por tu interés, pero estoy en buenas manos». Algunos motivos que los científicos dan para explicar el fracaso de estas terapias es que este tipo de gurús llevan enajenados mucho tiempo, por lo que su nivel de adaptación al entorno y por lo tanto de socialización ha desaparecido. En los casos más graves, también su empatía, pues son capaces de reaccionar mal a tu falta de interés por sus sandeces. De momento, ningún paciente oncológico ha conseguido la reinserción social de este tipo de personas.

2.4. Los catedráticos de la Universidad de la Calle

¿Quién no ha tenido más o menos cerca a alguien que haya sufrido algún tipo de cáncer? En este apartado se desglosa el tipo de patrón conductual más numeroso en el entorno del enfermo oncológico: una fauna que es experta en absolutamente todo. Igual que en el momento de la pandemia por la covid-19 todos nos sacamos el título de epidemiólogos, la experiencia y sabiduría que da el haber oído hablar de la enfermedad, conocer a un amigo de un vecino de un primo que alguien le dijo una vez que tenía un cáncer hacen que todos, en mayor o menor medida, seamos médicos oncológicos que sabemos perfectamente de lo que estamos hablando. Incluso los mismos enfermos, en otra vida, cuando estaban sanos, también fueron catedráticos de la Universidad de la Calle. Por lo general se dan dos tipos de discursos en este tipo de especímenes que todo lo saben:

1. Discursos centrados en el tratamiento propiamente dicho.

2. Discursos centrados en consejos nutricionales y dietéticos.

En relación con el primer tipo de discurso algunos mensajes que se han extraído expresamente para elaborar este libro, en función del estudio de caso realizado, se presentan a continuación:

«No te preocupes, no se te caerá el pelo. Si te dan la quimioterapia en pastillas no se cae el pelo. Conozco a la mujer de un compañero de trabajo de mi marido, le dieron quimioterapia en pastillas y tiene todo su pelo».

«Intenta no respirar, porque está demostrado que el cáncer necesita mucho oxígeno para vivir».

«Toma mucho CBD. Los médicos no saben que el cannabis tiene efectos curativos en el cáncer».

«Diles a tus médicos que te den inmunoterapia. A mí me la están dando y me va muy bien».

En el estudio empírico que he realizado a lo largo del año 2023 he podido comprobar que un alto porcentaje de las personas que amenazan con soltarte este tipo de discursos (en concreto, un 80%) coinciden además en ser unos gurús conspiranoicos en los que se aúnan sus tratamientos particulares fuera del marco de la medicina convencional con la necesidad de decirte que todo a nuestro alrededor, incluido el cáncer que tienes, es fruto de una conspiración judeomasónica o reptiliana. Además, hay un grupo reducido de este tipo de personas que trabaja el discurso de su particular tratamiento que ha tenido la suerte de vivir un proceso oncológico muy de cerca. Eso les da potestad para sentenciar que cualquier tipo de cáncer que se encuentran en la calle es como el que ellos conocen y, por lo tanto, su experiencia es la luz que debe alumbrar los tratamientos de todos los tumores que existen en el mundo, sin entender que la palabra «cáncer» es un cajón de sastre que engloba un sinfín de tumores, procesos y tratamientos, cada vez más personalizados para cada tipo de paciente. Cada tipo de cáncer es una enfermedad distinta.

Hay un segundo grupo de catedráticos de la Universidad de la Calle cuyas recetas suelen centrarse en lo que comes y dejas de comer, ofreciendo una dieta que solo ellos saben, con total certeza, que erradica de tu cuerpo las células cancerígenas. Algunos tipos de mensajes se muestran a continuación:

«Lo mejor que puedes hacer es tener una dieta vegana. Al cáncer no se le puede dar de comer carne».

«Tienes que comer mucha fibra y alimentos frescos y crudos. Eso te aumenta las defensas para luchar contra el cáncer».

«No comas nada de azúcar, que el tumor come azúcar. Come hidratos de carbono. Si no comes azúcar eliminas los tumores».

«El cáncer te ha dado porque comes carne. Deja de comer carne».

Este tipo de creencias populares tiene amplia divulgación entre la sociedad gracias a innumerables libros de autoayuda escritos, al igual que este, por personas que han pasado por una experiencia tumoral y escriben cuál ha sido su alimentación, pensando que lo que ellos han hecho le sirve a cualquier persona cancerosa, aunque no haya tenido ni el mismo tumor ni el mismo tratamiento que el que lo escribe. «Recetas anticáncer», «alimentación y vida anticáncer» o «matar de hambre al cáncer» son algunos de los eslóganes que te venden este tipo de libros, que te recomiendan que hagas mucha meditación, mucho yoga, que elimines todo el estrés en tu vida y que comas mucha verdura. Y en eso se basan los discursos de todo aquel que asume este tipo de consejos. ¿Qué te prometen este tipo de dietas? En síntesis, te dicen que cierto tipo de dietas privan a las células cancerosas de los nutrientes necesarios para crecer y proliferar, como si una coliflor en pleno momento de digestión supiera que no tiene que acudir a los torrentes sanguíneos que alimentan ciertos tejidos tumorales, asumiendo por tanto que si comes determinadas cosas puedes complementar o incluso sustituir la quimioterapia o la inmunoterapia. Por lo general, siguiendo estas dietas suele conseguirse desnutrición y una cita con el endocrino para que te pongan una buena dosis de hierro y te den los dichosos y ya citados batidos de proteínas.

Llevar a cabo un tratamiento terapéutico con este tipo de personas para hacerlas entrar en razón es altamente complicado. Intentar a través de la conversación hacerles entender que no porque uno haya leído tal o cual cosa, o porque otro haya tenido una dieta vegana que sabe Dios si le ha influido en su pronóstico, esto pueda servir a otro pasa por que entiendan que cada tumor y cada órgano afectado necesitan un tratamiento especial y distinto. Además, si tienes la suerte de tener cáncer de colon y luces una colostomía puedes irte despidiendo de las dietas vegetales y las fibras si no quieres tener innumerables diarreas que te lleven a la deshidratación. «Dieta baja en residuos. ¿Qué son los residuos? Pues no comer mucha fibra y centrarte en las proteínas. ¡Pero no puedes comer carne!». Da igual que les digas que uno de los indicadores para pasar los ciclos de quimioterapia, entre otras cosas, es precisamente el nivel de proteínas en sangre y los niveles de hierro. No les importa en absoluto oír que las proteínas vegetales son de menor calidad para nuestro organismo que las animales a la hora de ser sintetizadas para producir tejidos. Estas conversaciones suelen ser circulares y con pocos visos de que la medicina callejera claudique y sea consciente de que en realidad no entiende nada de nada, que tan solo ha oído o ha visto en la tele o ha leído en no sé dónde.

Este tipo de personas suelen tener rasgos narcisistas, ya que nadie sabe más del cáncer que ellos porque han pasado muchas horas leyendo Twitter o viendo la televisión cuando hablan de estas cosas. Además, necesitan que se las escuche constantemente, ya que suelen tener ideas paranoicas referidas a la creencia de que ellas, y solo ellas, pueden salvarte si sigues sus dietas y consejos. Te irá mucho mejor si les haces caso. En gran medida suelen decirte que puedes continuar con el tratamiento médico, pero que, por favor, les hagas caso, porque si no lo haces, la medicina convencional tendrá menos efecto. En el estudio realizado a lo largo de un año de manera empírica para escribir este libro se eligió una muestra de veinticinco participantes en los que quince pertenecían al grupo de «recetas anticáncer» y los otros diez pertenecían al grupo «tratamientos contra el cáncer». Se ha comprobado que existe una relación directa entre el número de diarreas en un paciente oncológico y los consejos que escucha. Para ello se sometió al paciente oncológico, que soy yo, a recibir diez mensajes al día de cada tipo de discursos, por la mañana recibió diez mensajes vía WhatsApp sobre cómo debía ser su tratamiento. Al mediodía se contabilizó el número de deposiciones solidas realizadas por el paciente. Por la tarde, recibió otros diez mensajes vía WhatsApp sobre qué debía comer y cómo. Por la noche se volvió a medir cuántas veces había hecho de vientre. El segundo día el paciente no recibió ningún tipo de mensaje y se midió el número de veces que defecaba. A continuación, se muestran los resultados.

Gráfico 5. Relación entre la frecuencia de diarreas por día y los mensajes escuchados de catedráticos de la Universidad de la Calle por un paciente con colorrectal

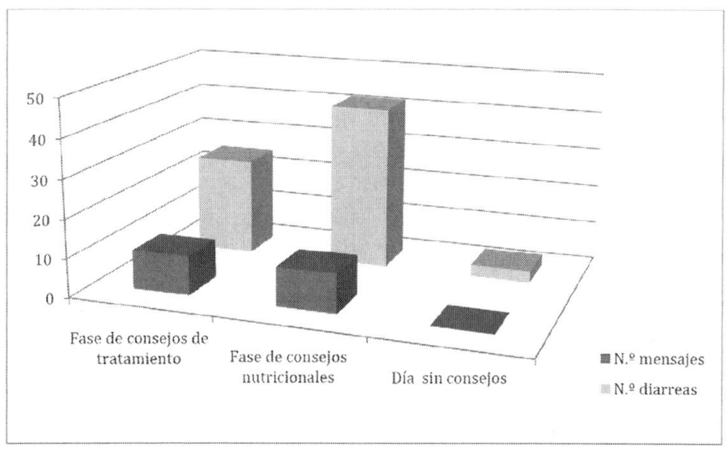

Fuente: Elaboración propia (2024) a partir de experiencia empírica personal en 2023.

Las conclusiones de este estudio son claras. Demuestran que ambos tipos de consejos, tanto en relación con el tratamiento como con la nutrición, aumentan el riesgo de descomposición estomacal con la consecuente diarrea, además de síntomas típicos de la gastroenteritis que pueden llevar a una deshidratación y desnutrición del paciente. Es más, los consejos referidos a la dieta vegana, baja en proteínas y cruda, aumentan la frecuencia diarreica hasta límites insospechados. En contraposición con estos datos, se ha demostrado que cuando al paciente se lo deja tranquilo, sin ningún tipo de estimulación disruptiva relacionada con este tipo de discursos, puede controlar su necesidad defecatoria.

Por último, es necesario hacer una mención especial a los consejos referidos a la ingesta de carne y el aumento de tumores que gran parte de este colectivo de personas suelen indicar. En muchos casos, existe una relación entre el consejo de no ingerir carne y ciertas creencias religiosas de tipo *new age* con banda sonora de Enya o Loreena McKennitt que mezclan tradiciones cristianas con la venida de seres extraterrestres y cuestiones similares. Este grupo de personas se abordarán en el siguiente epígrafe, pero su interrelación se basa en síntesis en la creencia de un castigo divino al que come carne animal, con el sufrimiento de una serie de males tipo las diez plagas de Egipto, en los que tener cáncer es lo mejor que te puede pasar.

2.5. Los temerosos de Dios

La nueva creencia filosófica que aborda el sentido de la vida desde finales del siglo XX y que ha arraigado fuerte en la sociedad es una amalgama de propuestas religiosas y eclécticas que toman prestado del budismo, judaísmo, hinduismo y cristianismo lo que les viene en gana y también dan algunas pinceladas con elementos de religiones prehispánicas. Este llamado *new age* pretende integrar en una cosmovisión general una doctrina espiritual con conciencia ecológica, nutricionista y holística. En la miscelánea de creencias se encuentra además un factor fundamental ajeno a nosotros: los extraterrestres. Estos seres de otros mundos por lo general adoptan la posición de dios/dioses tradicionales y son los que nos juzgarán para salvarnos o no de un supuesto apocalipsis; porque sí, en toda corriente filosófica que bebe de las religiones siempre hay un apocalipsis.

Los extraterrestres nos están vigilando; vigilan, siempre con preocupación, nuestro progreso social, nuestros avances tecnológicos y nuestra capacidad para destruir o cuidar el mundo. Ellos nos han dado una serie de preceptos básicos para vivir en paz con nuestros congéneres, porque ellos nos crearon. Muchas personas que tienen este tipo de discursos llegan a indicar que ciertos extraterrestres bajaron una vez a la Tierra en forma de «arcángeles» para crearnos a su imagen y semejanza, aunque nadie sabe cómo eran esos extraterrestres en su planeta ni a qué se dedicaban (igual fueron desterrados de sus hogares, como le pasó a Lucifer en el Paraíso cristiano, quién sabe).

En fin, como entidades elevadas que nos transmiten una ideología superior para entender la vida, también tienen una forma particular de comprender el cáncer y se la han hecho llegar a los seres contactados para que ellos, a su vez, te la proporcionen a ti, aunque no hayas preguntado nada. Según esta teoría, podríamos explicar por qué una persona tiene cáncer bajo el siguiente diagrama de flujos:

Gráfico 6. Explicación del cáncer según los extraterrestres en las teorías *new age*

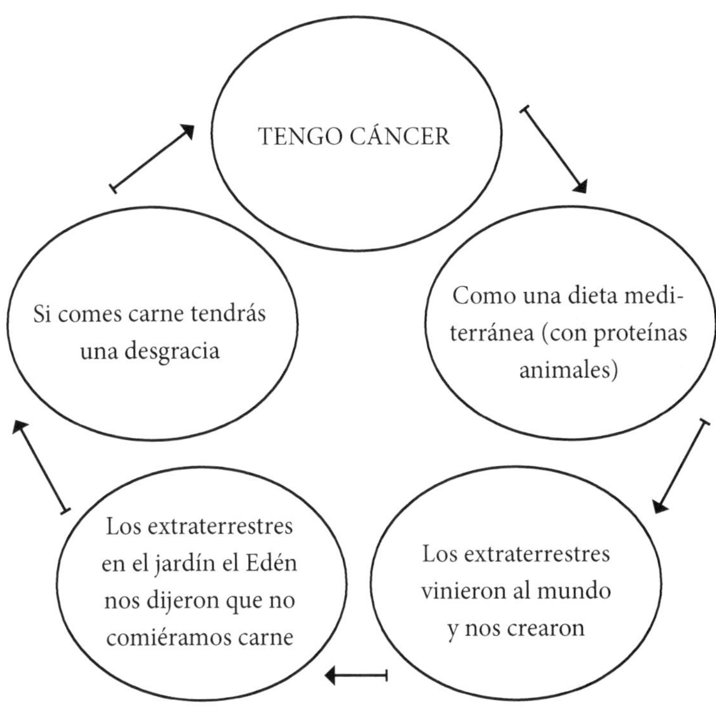

Fuente: Elaboración propia tras entrevistar a un iluminado (2024).

Este tipo de personas son especiales porque han sido contactadas por fuerzas sobrenaturales superiores a nosotros para explicarles todo aquello que nadie sabe. Confluyen en muchas ocasiones en su discurso con los catedráticos de la Universidad de la Calle y también con los conspiranoicos, ya que no es raro en ellos escuchar mensajes como los siguientes, recopilados expresamente en el estudio de caso realizado a lo largo de un año:

«Los extraterrestres nos están enviando enfermedades y epidemias para que creamos en ellos».

«Los arcángeles dijeron a Adán y Eva en el Paraíso que no comieran carne si no querían degenerar a la especie humana, y todas las enfermedades vienen por eso, por la carne. El ser humano no está hecho para procesar carne».

«Las grandes farmacéuticas no nos están diciendo la verdad sobre los virus y en la Biblia Dios y los Santos Padres nos lo han dejado claro».

«Si usted reza a Dios, él la escuchará y podrá obrar el milagro. Así sanará. Rece a Dios para que la escuche».

En cuanto a los tratamientos que estas personas contactadas proponen para los pacientes oncológicos están, por supuesto, los siguientes:

- Tener una dieta vegana en la que como mucho se te permite comer algún huevo que otro, hacer mucha meditación y retirar de tu vida todo compuesto químico (incluido el tratamiento médico).

- Realizar terapias alternativas tipo reiki, yoga, recolocación de chakras y beber agua bendita, así como las imposiciones de manos, que permiten sanar las células díscolas que crecen donde se les antoja y las devuelven a su sitio.

- Trabajar en terapias psicológicas de aceptación y asertividad centradas en establecer límites a los demás, es decir, en aprender a decir NO cuando te venga en gana, ya que gran parte de las creencias de estas personas vienen a decir que el cáncer tiene su origen en las emociones reprimidas. El sistema emocional mal gestionado produce tumores corporales, por lo que más te vale eliminar de tu vida cualquier tipo de analfabetismo emocional si no quieres morir de una metástasis. Y, sobre todo, aprende a decir NO a los demás, aunque no tengas razón y peques de intolerante y maleducado, aprende a no reprimir emociones que te puedan provocar cáncer de páncreas y a dar rienda suelta a todo aquello que sientes en cada momento, ya te tachen de llorón o dramático o insoportable.

En una ocasión tuve la suerte de cruzarme con una de estas personas contactadas y que me hiciera una imposición de manos. Me indicó que debía creer en Dios y en los arcángeles porque solo Dios podía obrar el milagro de mi sanación, siempre y cuando yo tuviera fe en Él y me comportara como es debido, es decir, creyendo ciegamente que Dios existe, que me escucha y que se apiadará de mi cuerpo maltrecho. Si no, pues nada. En ese tan delicado momento en el que un halo de luz iluminó las santas manos de la persona vicaria de Dios —o en su defecto de extraterrestres en la Tierra— para que abriera mi mente obtusa hacia una nueva realidad, porque iba a ver tarde o temprano que se había obrado ese tan deseado milagro, mis células cancerosas ya estaban migrando al hígado y campando a sus anchas por el pulmón. Un mes después me dijeron que tenía metástasis. Así que supongo que los seres superiores de otros mundos me castigaron una vez más por no creer en ellos. Sigo comiendo carne.

En estos casos se ha demostrado que el tratamiento psicológico para recuperar a los «elegidos» o «iluminados» no da ningún resultado, ya que su capacidad de razonamiento es nula. Parten de similares patrones narcisistas estudiados en los subgrupos anteriormente descritos, pero en este caso se expresan y elevan hasta límites insospechados, ya que son ellos y solo ellos los que tienen la sabiduría eterna recién expresada en las bocas de los Seres Superiores de otros mundos, para que solo llegaran a sus oídos y a los de nadie más. Solo ellos se salvarán de la destrucción del planeta y solo a ellos se los llevarán a vivir a un mundo mejor. Si no les haces caso, pues allá tú, porque, si el cáncer no lo remedia, te quedarás aquí, pudriéndote en un mundo de mierda, y terminarás criando malvas por toda la eternidad porque nunca alcanzarás la inmortalidad que a ellos les han prometido.

Con este tipo de personas se suelen obtener mejores resultados a través de una terapia combinada consistente en seguirles la corriente mezclando ciertas drogas psicodélicas, pueden ser hongos alucinógenos, LSD o similares.

2.6. Los «entomólogos»

Una parte del entorno social que nos rodea puede reaccionar ante el cáncer como quien reacciona ante un constipado o a la mismísima covid-19; como si se te hubiera metido un virus en el cuerpo y hay que echarlo como sea. Si por ellos fuera, los tumores se curarían a base de antibióticos. Algunos de estos discursos vividos en nuestro estudio empírico se muestran a continuación:

«Maldita enfermedad y puto bicho».

«Hay que acabar con este bicho cuanto antes».

«A ver si con la quimioterapia te matan de una vez al bicho».

«El bicho» se convierte en un ente inespecífico e inexacto, pero que sirve para todo. El bicho es algo que no se quiere nombrar, que da miedo y que como da miedo es mejor pensar que es ajeno a uno, que no depende de su cuerpo, que es algo que has pillado por ahí por haber comido algo en mal estado o por haber tocado a alguien o por cualquier cosa. Como si fuera una infección. El desconocimiento en este tipo de especies humanas de que el origen de la enfermedad está en uno mismo, en sus propias células, y la aceptación de que es el propio cuerpo el que está cometiendo un fallo tras otro a la hora de replicar células en una loca carrera que solo lleva hacia la autodestrucción, hace que se crea que todo es exógeno al paciente. Que el cáncer es algo ajeno al propio cuerpo y que vete tú a saber lo que habrás pillado por ahí con lo peligrosa que está la vida.

El tratamiento en este tipo de casos suele consistir en armarse de paciencia y poderles explicar en qué consiste eso del cáncer y que lo del «bicho» se lo han inventado, que esto no es ninguna bacteria y que no se cura con antibióticos. Que no se trata de luchar contra algo externo y que todo depende de cómo se replican las células. El tratamiento suele durar horas y horas. Por lo general, este tipo de tipologías de personalidad suelen escuchar sin intervenir ni preguntar absolutamente nada, asintiendo con la cabeza a todo lo que se les explica. El pronóstico para este tipo de personas es malo. Por lo general, volverán a hablar del «bicho» la próxima vez que te los encuentres por la calle y te pregunten qué tal estás.

2.7. Los incrédulos

Los sujetos pertenecientes a esta categoría escuchan atentamente mientras les desgranas tu diagnóstico, solo esperando el momento oportuno para soltar la pregunta que, desde el primer minuto, les baila entre los labios: «¿Vas a pedir una segunda opinión?». En muchos de los miembros de este subgrupo la cosa no queda ahí, mientras sigues mudo sin entender muy bien qué coño quieren decir, te sueltan aquello de que, por supuesto, conocen a alguien que una vez conoció a alguien que tiene un primo que es una inminencia en eso de la oncología y que, si a ti te parece bien, solo con hacer un par de gestiones te puede conseguir una cita. Quizá los ejemplares de esta categoría piensan en el fondo que tú los médicos los encargas por AliExpress. Algunos de estos tipos de mensajes expresados en esta categoría de individuos se muestran a continuación.

«¿No has ido a consultar a otro médico? Siempre es bueno tener una segunda opinión».

«¿Has pensado en ir a tratarte a Houston?».

«Conozco a una oncóloga especialista en melanomas. Es una eminencia. Te puede dar un segundo diagnóstico».

«Yo no me fiaría de los diagnósticos de la sanidad pública. No tienen medios, intenta pedir un segundo diagnóstico en la sanidad privada. Que las pruebas te las hacen más rápido».

El tratamiento para este grupo de personajes es, por supuesto, igual de complicado y poco eficaz, como con el resto. A ver cómo le explicas que qué vas a hacer tú con un segundo diagnóstico. Que en el mejor de los casos, y esto suena hasta irónico, coincidirá con el primero, en cuyo caso te quedarás tan tranquilo habiendo confirmado que tienes un tumor que puede que haya aprovechado este tiempo de repetición de pruebas para hacerse aún más grande y agresivo. Pero que si, por cualquier cosa, resulta que la segunda opinión no se corresponde con la primera, ya tienes el lío. ¿Qué haces? ¿Quedarte con la menos aterradora o pedir una tercera? ¿Y luego qué? ¿Una cuarta? En fin, como en todos los casos anteriores, el tratamiento más eficaz es no exponerlos a una terapia de choque, agradecer las «buenas intenciones», y seguir confiando en los médicos que tienes.

2.8. Cuando no saben qué decirte

Al principio del camino todos los enfermos oncológicos pensamos que esta situación tendrá un final, después de la cirugía quizá ese final llegará. Pero existen casos en donde un enfermo tiene que bailar en escenarios que no se había planteado nunca o que no quería plantearse: las recidivas. Y ante eso, ni el enfermo ni los que lo rodean están preparados.

Aunque los médicos han sido siempre prudentes en sus informaciones y siempre juegan a la composición de frases con la sintáctica condicional «si todo va bien» o «bueno, vamos a ir viendo», el paciente olvida el condicional y se queda con «todo va bien». Pero en un segundo ese «si» aparece delante de uno para recordarle que seguía existiendo, que ha estado ahí todo el rato, y de la noche a la mañana la realidad te dice «las cosas no van tan bien». Ahora toca comunicarlo al resto, que están menos preparados que uno porque no esperan una mala noticia, porque han estado durante todo el tiempo insuflándote energía suficiente para salir de este episodio cuanto antes con sus palabras de «ánimo». Porque la mayor parte de ellos tenía clarísimo que de esta salías indemne. ¿Y ahora?, ¿ahora qué? Estos son algunos de los ejemplos que podemos encontrarnos en este caso recopilados a lo largo de nuestro concienzudo experimento clínico:

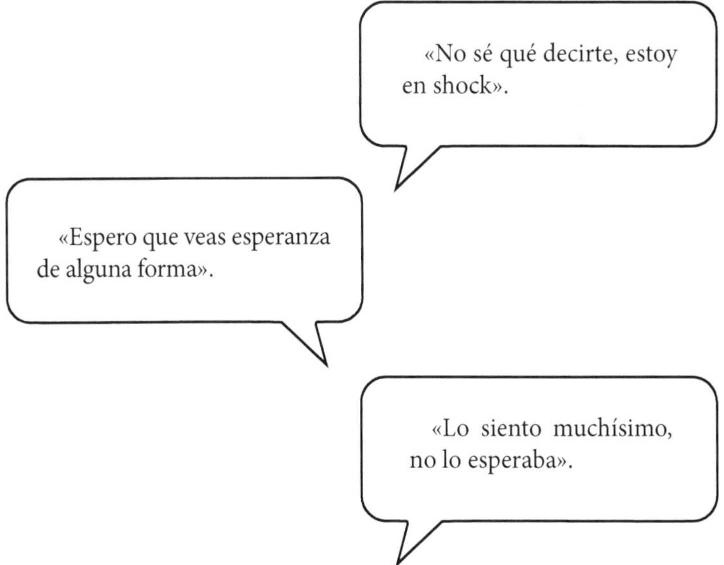

«Bueno, no te preocupes, será un sustito de nada».

La sociedad nos enseña a vivir apartando la vista del dolor. Así que cuando el dolor existe no podemos mostrarlo a los demás, y si lo mostramos, no nos entenderán y no sabrán qué decirnos. Llegados a este punto, me gustaría aprovechar el altavoz social que me dan estas líneas, si es que hay alguien leyéndolas, para remover esas conciencias personales y plantear que es en estos momentos cuando sí hay algo que decir, cuando es necesario tener algo que decir a tu amado enfermo. Ese algo es justamente lo único que se tenía que decir desde el principio: un qué tal estás que nunca debería haber desaparecido en el discurso.

Antes de poner fin a esta categorización, me gustaría recordar que también hay mucha gente que reacciona de una forma normal y respetuosa, los hay también que desaparecen de tu vida nada más oír la palabra «cáncer» y gente que, inesperadamente, se acerca más a ti y responde de una forma que jamás hubieras imaginado. También hay que advertir que el problema no es tanto que el paciente tenga que enfrentarse a uno o dos sujetos de los grupos arriba descritos, lo que sería anecdótico y casi divertido, sino el sumatorio, pues como ha demostrado la ciencia hay gente para todo y cada uno es como es, y al final no hay día que no se te eche encima algún individuo perteneciente a alguna de estas categorías anteriormente descritas para darte la tabarra. El cáncer es un proceso muy largo, y de él se cuelgan todo tipo de personas, como bolas de un árbol de Navidad.

PARTE 3: SUPERYÓ

El ser humano es un ser social que se desarrolla y evoluciona en entornos sociales como una rana en una charca. En esta parte se extraen los resultados obtenidos a lo largo de un año sobre cómo los mitos sociales influyen en el estado de ánimo de un paciente con cáncer y los estigmas a los que se enfrenta mientras intenta desempeñar un papel en la sociedad.

3.1. Cosas que no puedes hacer cuando tienes cáncer

Llegamos al punto en el que estudiamos el comportamiento social de las distintas manadas humanas que conforman las organizaciones, empresas, entidades públicas y privadas, así como los mensajes que se difunden elaborados bajo los parámetros de la deseabilidad social especialmente diseñados para nosotros, los pacientes con cáncer. En este apartado se analiza cómo esas «lecciones de coraje» que tenemos que dar todos los enfermos y que escuchamos a cada rato en televisión, prensa, asociaciones y organismos oficiales chocan con la realidad de lo que realmente ofrece la sociedad, diezmando la capacidad del enfermo para intervenir en ella. Desde el momento en que te ves obligado a informar de tu situación «neoplásica», la sociedad te devuelve un mensaje de admiración desmedida, esperando que tarde o temprano pregones a los cuatro vientos la valentía y el saber estar que has tenido en todas las fases de tu tratamiento, es decir, la «gran lección de coraje». A la vez que te conviertes en un «gurú» para el resto de la humanidad, al que se estudiará en un futuro en los libros de texto para promover el conocimiento del coraje en las generaciones futuras, esas mismas hordas sociales te impiden volver a sentirte un ser social, es decir, una persona en sociedad. Se reduce tu capacidad y tus derechos de poder actuar en ella y, a fin de cuentas, de sentir que haces algo con tu vida, más allá de ser un enfermo.

«Cosas que no puedes hacer cuando tienes cáncer» describe todo un periplo de ensayos científicos vividos en primera persona cuando he intentado reincorporarme a la vida cotidiana, sentirme útil y volver a ser un «ser social» dentro de la cadena de relaciones de producción, al más puro estilo Henry Ford. Como a estas alturas sabe ya el lector, todo lo relatado es estrictamente científico, en base al resultado del estudio de caso clínico realizado concienzudamente a lo largo de un año.

• ASOCIACIÓN ESPAÑOLA CONTRA EL CÁNCER

Una de las cosas que no puedes hacer cuando tienes cáncer es ser voluntario de la Asociación Española Contra el Cáncer. Este singular y hasta paradójico hecho se produce no tanto por las limitaciones tumorales, sino por las propias exigencias y normas internas de la organización, que no acepta a pacientes en tratamiento oncológico. Si contactas con la Asociación Española Contra el Cáncer para formar parte de su red de voluntariado, te responden que no los vuelvas a llamar hasta que estés curado. Para ellos, la red de voluntarios es una línea de trabajo visible en los hospitales y domicilios que apoya y ayuda al paciente en terapia social y de la que se puede formar parte solo si estás sano o eres un paciente curado. Es decir, un «caso de éxito». La imagen social del cáncer que persigue esta entidad, por tanto, es la de la esperanza máxima, ya que sus voluntarios con cáncer ya han dejado la enfermedad atrás y solo así pueden explicarte los caminos por los que has de transitar. Como si todos los cánceres fueran iguales, todos los tratamientos fueran sota, caballo y rey, y todo paciente se tuviera que sentir identificado con la historia de fulanito y menganito, que tenían un tumor que no es el tuyo y lo que cuentan que les ha pasado ni por asomo se parece a tu experiencia. La Asociación Española Contra el Cáncer (en adelante AECC) vende éxito en su red de voluntariado. «No desesperes, yo lo he superado», «del cáncer se sale», «el cáncer se cura». No les interesa por lo visto mostrar discursos de pacientes en una etapa crónica de la enfermedad, porque eso significa que no has tenido éxito, no te has curado, has fracasado. Elimina de un plumazo la capacidad de las terapias de grupos con enfermos en distintos estadios de la enfermedad, tan conocidas y desarrolladas en distintas patologías y adicciones, no dando la oportunidad de mostrar los procesos psicológicos a los que se tiene que enfrentar alguien a quien se le dice: «Con esto vas a convivir mucho tiempo, quizás toda tu vida» o «de esto te mueres». Esa capacidad de adaptación que al final todo el mundo saca si quiere seguir viviendo no es de interés para la

AECC, porque sencillamente si llegas a ese punto tú no eres un superviviente, «caso de éxito».

El éxito es la piedra angular por la que se funda la asociación en 1953, según indica su propia web. ¿Por qué? Porque quien tiene la benevolente idea de fundarla es un empresario, cómo no, de éxito. Cuenta la leyenda que allá por el año 1951 don

José Biosca Torres, empresario textil catalán, tuvo que viajar a Madrid. En el trayecto, conoció a una mujer de Toledo y a su hijo, que tenía cáncer. Ella le contó a don José que, por su falta de recursos, tenían que ir a Madrid a pie para tratar a su hijo. El empresario se apiadó de la situación y les subió en su coche. Mientras conducía pensó que si les daba dinero no solucionaría el problema. Una luz se iluminó en su interior —¿sería el Espíritu Santo, quizá?—, e imbuido por ese halo de bondad solo al alcance de los ricos caritativos organizó una cacería con sus otros amigos empresarios de éxito para convencerlos de crear una infraestructura en España que sirviera para ayudar a los enfermos y a sus familiares. Una cacería, sí, aunque estuvo a punto de realizar una corrida de toros. En 1951 solo se podía ir a una cacería de éxito si eras una persona de éxito, y todos sabemos que en aquella época el éxito y el dinero solo caían de un lado, el que estaba más cerca del Régimen. Así pues, empezó a involucrar a más y más amigos empresarios hasta fundar sus primeras oficinas en Madrid en el año de Nuestro Señor de 1953. Fue tal el grado de notoriedad de don José en la sociedad franquista que aún se puede consultar el Decreto 1293/1964 del 24 de abril por el que se le concede la Gran Cruz de la Orden Civil de Sanidad.

A partir de ahí, la historia de la asociación no deja de cosechar éxito tras éxito. En 1958 se hace cargo de tratamientos oncológicos para personas sin recursos, ya que no existían la cobertura universal de sanidad ni la Seguridad Social, ni don José ni sus amigos se fueron de cacería para pensar en que quizá sería buena idea crearla. En 1960 la AECC compra las primeras unidades de cobalto para tratamientos oncológicos, pioneros en la época. En 1964 instaura la medicina domiciliaria para pacientes terminales. En 1989 pone en marcha el primer programa de atención psicológica al enfermo oncológico, a la vez que su propia lotería. En 1996, a través de un convenio con el INSALUD, se crea el voluntariado de la asociación en los hospitales, ese que no quiere a pacientes crónicos en sus filas. Y ya entrando en los años 2000 crea días específicos dedicados a diversos tumores (cáncer de mama, por ejemplo), carreras solidarias, programas de prevención (cáncer colorrectal) y toda una campaña de *marketing* bien orquestada llena de ilusión, optimismo y éxito. Según los datos que publica la asociación en su web, en el año 2023 su presupuesto ascendía a 114.875 millones de euros, de los cuales 7.740 millones son destinados a proyectos estratégicos y 21.805 millones a proyectos de investigación. Por lo tanto, la partida que realmente ayuda a los enfermos no llega a 30 millones de euros, lo que no supone ni el 25% del total del presupuesto que tiene la propia asociación. Esa investigación es lo que nos salva a todos, no hay nada más importante que investigar para promover nuevas vías de tratamientos, más efectivos y menos lesivos.

Desde sus inicios el logotipo de la asociación ha estado vinculado al espíritu católico, echando mano en un primer momento de una cruz de Santiago, cuestión más que curiosa. No sé muy bien cuál es la lógica de la asociación para usar un elemento religioso en una cuestión médica; quizá ese éxito que persigue a la asociación sea el obrar un milagro con todos aquellos pacientes que toca. Con el paso de los años la cruz se ha estilizado, modernizado y hasta ha cambiado de color: de un nazareno rojo pasión de Cristo a un verde esperanza.

Después de la pandemia de la covid-19, la asociación tomó la determinación de quitar de una vez por todas la cruz de Santiago, indicando a sus trabajadores que con este hecho reducían las posibles sensibilidades existentes en la sociedad en relación con la simbología religiosa. Se quedó por tanto en una simple letra c verde esperanza. Los cambios de imagen en batas, camisetas, pins y utensilios a cargo del presupuesto bien podrían haberse destinado a la investigación contra el cáncer, que es lo que realmente importa.

La primera que instaura el lenguaje belicista para abordar la enfermedad es la propia Asociación Española Contra el Cáncer, lenguaje que ahora denuesta, aunque en privado sigues encontrando a algún que otro voluntario que te habla de cómo el cáncer te ayuda a ser «mejor persona» y para ello tienes que luchar y mostrar tu mejor cara ante la adversidad que tienes encima. En los años sesenta del siglo pasado, la asociación tiraba de templarios o caballeros de la Orden de Santiago para concienciar a la sociedad de cómo abordar el problema: como una cruzada hacia la Tierra Santa.

Así pues, ya sabemos cómo ser un «paciente de éxito» para la asociación: con tesón, batalla y una pizca de religión. Según los resultados científicos del estudio de caso en el que se basa este manual, los datos empíricos muestran que dentro del entorno hospitalario la propia asociación trata a los enfermos como seres aislados del resto de la vida. La organización filtra a los pacientes con buen pronóstico y se queda con aquellos que pueden sobrevivir para alimentar sus testimonios de lucha. Si no has sobrevivido, quizás sea porque no has luchado lo suficiente, y esa es una pesada losa si te lo dice alguien con el poder que le otorga una bata blanca, aunque por detrás ponga el logo de la organización, y esta vez no es una cruz. Así que, además de ser enfermo, de soportar lo insoportable, someterte a innumerables pruebas que te dan alergias o dolores, de tener todo el cuerpo lleno de pinchazos y catéteres, además de todo eso, debes esforzarte para sobrevivir. A través de estas falsas luchas lo único que se consigue es que nosotros acallemos nuestras verdades y vivencias, que nos las traguemos como hacemos con los vómitos, porque la sociedad nos dice que tenemos que ser fuertes, estar animosos y luchar. Enquistamos el duelo y bloqueamos las emociones y no hay nada más angustioso que eso. Además, se crea la ilusión de la falsa esperanza, de la garantía de que si piensas en positivo te vas a curar: «No decaigas», «la mente hace mucho, es muy importante», «vas a ganar esta guerra». El enfermo siempre debe mostrar una buena cara a los demás, porque si se queja, si describe el inmenso sufrimiento por el que está pasado, lo tacharán de depresivo, de no tener una buena actitud ante la crisis, y le dirán que vaya al psiquiatra. No hay que quejarse, esa es la lección. Siempre hay que demostrar que tienes una actitud positiva, aunque te estés muriendo por dentro; es la dictadura del positivismo. Da igual el tipo de estadio o metástasis que tengas. Da igual lo que te hayan dicho los médicos. Si piensas cosas positivas te vas a curar. La bata blanca es un símbolo de poder, de diferencia de estatus en un entorno hospitalario, de sabiduría al fin al cabo. Y en este punto me pregunto si tal vez con el cáncer pasa lo mismo que decía Viktor E. Frankl cuando hablaba de su experiencia la II Guerra Mundial: «Los mejores de entre nosotros no regresaron». Vaya, al final yo también me he dejado arrastrar por el lenguaje belicista.

• LAS COMPAÑÍAS ASEGURADORAS

—Hola, buenos días. Había solicitado información en su web sobre seguros de vida.

—¡Estupendo! Vamos a tomarle algunos datos para poder asesorarle mejor... ¿Cuántos años tiene?

—Cuarenta y cinco

—¡Por Dios, es usted jovencísima! Permítame que le pregunte... ¿cuánto capital querría usted asegurar?

—Bueno, tenía pensado unos 30.000 euros, pero me gustaría que me asesorara, no tengo mucha idea.

—Podría usted asegurar hasta un capital de 65.000 euros tranquilamente, y tendría unas cómodas cuotas al año de tan solo 35 euros. ¿A que es estupendo?

—Sí, sí, claro, mmm.... Indíqueme, ¿qué tipo de coberturas por muerte cubre? —Cubre todo tipo de causas de muerte, desde accidentes catastróficos hasta enfermedades.

—¿Todas las enfermedades?

—¡Claro!

—Verá, a este punto quería yo llegar. Estoy interesada en contratar un seguro de vida ya que me gustaría dejar cubiertos a mis seres queridos, porque, verá... yo tengo cáncer.

—(Silencio)... Vaya, lo siento mucho... En fin, le estaremos esperando en esta, que es su compañía de seguros, cuando le hayan dado el alta. Un saludo y buenas tardes. (Pipí... pipí... pipí...).

En el análisis clínico realizado a lo largo de un año se ha descubierto que los comerciales de seguros cuelgan a los pacientes oncológicos cuando quieren contratar un seguro de vida. La relación con el sector asegurador da un giro de ciento ochenta grados para todo tipo de neoplasias y estadios. En la vida anterior de los enfermos, es probable que hayan participado de cierto estatus vital ventajoso desde el que miraban ciertas profesiones, sobre todo a los comerciales de seguros, por encima del hombro, incluso, por qué no decirlo, como parásitos sociales. Trajeados de punta en blanco y con corbata hasta en pleno agosto con cuarenta grados a la sombra, con mirada depredadora que busca por el asfalto a cualquier conejo al que hincarle el diente. En la nueva realidad para los pacientes neoplásicos, aunque se suplique ser carnaza aseguradora, ser una de sus presas, no se tiene éxito. En cuanto se dice la palabra «cáncer» ya no hay marcha atrás. El enfermo entra en el grupo del «desahuciado social». La compañía aseguradora no quiere tocarlo ni con un palo.

Una enfermedad que asusta y a la que todo el mundo teme, como el cáncer, tiene unas graves consecuencias sociales: dejas de ser alguien productivo. Y si no produces, no tienes derechos ni beneficios sociales, no eres nada. Eres un despojo. Si no produces no tienes derecho a tener un lugar social que te permita desarrollarte, participar y por lo tanto acceder a todo un sistema de bienes y servicios. Adam Smith decía que para producir un bien se necesitaban tres factores básicos: el trabajo, la tierra y el capital. El cáncer te quita el trabajo, te desarraiga socialmente de tu lugar terrenal y reduce tu capital económico a la mínima expresión. Como individuo ya no tienes valor para la sociedad. Eres un coste para el capitalismo. En definitiva, eres un desahuciado.

• LA VUELTA AL TRABAJO

El paciente oncológico siempre vive con la esperanza de retomar cachitos de su vida, parcelas de lo que antes era su mundo, siempre y cuando el tratamiento lo permita. Cuando la hemoglobina fluye por las venas a raudales y uno se levanta con más energía vital que nunca, piensa en su situación, se maldice por estar de baja laboral y recuerda que en el hospital de día muchos compañeros tumorales le han dibujado el panorama al que se dirige si continúa en esa situación: la invalidez o la incapacidad permanente.

En el estudio de caso realizado con todos los rigores científicos de los que he sido capaz, se ha optado por investigar qué ocurre cuando un paciente quiere recibir el alta laboral y reincorporarse a la vida laboral. A continuación, se describen minuciosamente los resultados obtenidos:

—Aunque sigo en tratamiento oncológico, podría incorporarme a mi puesto de trabajo, tan solo pediría que los días de quimioterapia, por razones obvias, pudiera tener la opción de teletrabajo.

—Bueno, eso no podemos dártelo. La empresa no está preparada para realizar teletrabajo.

—Pero... no entiendo, si he visto a compañeras que se quedaban en casa porque pedían días de teletrabajo. ¿Cómo no va a ser posible?

—Mira, en la pandemia lo pasamos fatal cuando todo el mundo tenía que estar en casa teletrabajando. Nos dimos cuenta de que eso para nosotros es inviable. Además, sabes perfectamente que tú trabajas con unas funciones en las que se necesita presencialidad.

—Pero si tenemos un trabajo de oficina.

—Ya sabes que cuando hay que atender llamadas siempre se necesita resolver situaciones de manera presencial. Además... después de un año ya hemos reorganizado la estructura de la empresa y, bueno..., ahora mismo, tu incorporación, en fin... nos desbarata toda la estructura.

—¿Entonces no me dais ninguna opción para volver a mi puesto? ¿Qué solución me proponéis?

—No sabría qué decirte, la verdad.

—¿Me estáis despidiendo?

—Llámalo como quieras.

Siguiendo con estos resultados, obtenidos en el estudio, se observó que con posterioridad la empresa alegaba que el despido se justificaba en que habían detectado una bajada sustancial de la productividad del enfermo, por lo que no tuvieron más remedio que prescindir tanto del talento como de los servicios laborales del citado enfermo. Si bien es cierto que ninguna ley garantiza al paciente de cáncer su estabilidad laboral, no deja de ser feo que a uno lo despidan en estas circunstancias. ¡Qué digo feo, es indecente! ¿Se podría haber denunciado? ¿Se podría haber declarado que el despido era nulo? La respuesta a las dos preguntas es un sí, claro está. Pero en estas circunstancias también tiene un papel muy importante la variable «factor mental y emocional», con el que la empresa juega. Y mentalmente, mientras se soporta un tratamiento de quimioterapia, la batería mental del enfermo está en reserva, lo que se ha comprobado científicamente que permite pelear lo justo, más bien poco.

La realidad es que el 21% de las personas diagnosticadas de cáncer tienen que dejar de trabajar debido a las dificultades del propio tratamiento. Además, el 14% de los enfermos se han visto obligados a cambiar de trabajo. No lo digo yo, lo dice la Asociación Española Contra el Cáncer. Por mucho que el «olvido oncológico» comenzara su andadura a nivel europeo en 2023, aún quedan muchos flecos pendientes en lo que se refiere a la adaptación social y laboral de nosotros, los pacientes neoplásicos. La reincorporación a la vida laboral supone una normalización de nuestra situación y realidad, además de una estabilidad económica. La MD Clinical Cáncer Center indica que por lo general existen ocho temores para el paciente de cáncer a la hora de enfrentarse a la reinserción laboral, que son:

- A las dificultades de atención y concentración, pérdida de agilidad y práctica debido a las secuelas del tratamiento.

- A no estar a la altura de las exigencias del puesto o de la empresa.

- A no poder aguantar la jornada laboral.

- A la relación con los compañeros: temor a preguntas, cotilleos, conflictos, a sentirte un bicho raro...

- Al estrés del día a día y otros hábitos inadecuados que repercutan en tu bienestar.

- A no ser capaz de marcar límites y defender nuestros derechos como trabajadores, además de enfermos de cáncer.

- A tener una recaída, a pedir días para las revisiones y tratamientos, a tener que solicitar una nueva baja.

- A que la vuelta a la actividad repercuta negativamente en nuestra salud y provoque una bajada de nuestro sistema inmunológico y, por lo tanto, en nuestro tratamiento y pronóstico.

En el análisis clínico escrupulosamente científico realizado a lo largo de un año se han tenido gran parte de estos miedos, con pensamientos recurrentes tipo «a ver si el cuerpo me aguanta» mientras se ejercía una tarea profesional a la vez que se vomitaba. En la etapa parcial de reinserción del enfermo se ha observado cómo en muchas ocasiones ha tenido que ocultar su realidad vital cuando tenía entrevistas de trabajo, siempre con pensamientos intrusivos tipo «que no noten el catéter intradérmico que llevo puesto». La cruel realidad es que, muy a nuestro pesar, el historial médico es una tarjeta de visita tan pesada como una losa.

3.2. Y el foco siempre ilumina a los supervivientes

Termino este pequeño manual para enfermos y familias oncológicas un diecinueve de octubre, Día Mundial del Cáncer de Mama. ¡Bingo! En ese día acabo de salir de los múltiples síntomas de un ciclo de quimioterapia, mi estómago empieza a volver a ser un estómago y mi cabeza puede empezar a leer y a escuchar. ¡Es maravilloso! ¡Toda una sociedad rendida a las mamas, a las neoplasias y a las mujeres! Reviso noticias en los medios de comunicación y la inmensa mayoría están cortadas por el mismo patrón: un homenaje a las supervivientes, porque lo que hay que decir es que «del cáncer se sale», «al cáncer se sobrevive». ¿Y dónde estoy yo? ¿Dónde deja la opinión pública, el periodismo y la sociedad en general a todos los demás, que vamos a ser o somos pacientes crónicos, que no vamos a salir? Para nosotros no hay altavoces, ni *influencers*, ni mujeres guapas que se erijan en posición de representantes de los enfermos crónicos. Para los periódicos y las revistas nosotros no existimos, porque es mejor que la sociedad no nos vea. Y tal día como hoy, que vuelvo a releer lo que he escrito sobre la programación social para huir del dolor y rodearse de placer, todo esto toma más sentido que nunca. Para nosotros no hay nada porque vamos a ser un estorbo social, gente improductiva que se acoge a múltiples bajas laborales, con poca esperanza de vida, por lo que uno no consigue ni siquiera formar parte de ningún tipo de *target marketiniano*. ¡Ay, amigo! ¡Con el *marketing* hemos topado! Porque el cáncer y sus lacitos también son puro *marketing*, no reflejan la realidad y la crueldad de los tratamientos, de la propia enfermedad y del sufrimiento que acarrea. Porque esos lacitos lo envuelven todo en un halo rosa palo de cuento de hadas que parece indicarte que todo va a tener un final feliz. No te lo dice el médico, no, te lo dice el lacito por el que pagas un euro. Y de eso se siguen alimentando fundaciones, organizaciones, publicidades, empresas de higiene femenina y chiringuitos varios: de la mente vulnerable de un enfermo que solo quiere escuchar que esto se va a acabar.

4. CONCLUSIONES

Tras el concienzudo estudio clínico realizado, el mío, para la elaboración de este manual, se pueden extraer conclusiones altamente devastadoras sobre el porvenir del enfermo oncológico y su integración social. De la ingente cantidad de resultados y datos obtenidos, cruzándolos con distintos análisis factoriales y estadísticos, se obtienen cuatro grandes factores concluyentes con un índice de fiabilidad (α) del 98,9% y un margen de error mínimo, casi imperceptible:

1. La fragilidad del ser humano

Vivir una situación tan extrema y complicada como un tratamiento oncológico hace que los enfermos percibamos la increíble fragilidad física y mental del ser humano, por un lado desde el punto de vista biomédico y por otro desde la relación desigual médico-paciente. Con el término «fragilidad biomédica» se quiere hacer referencia al estado de pérdida funcional que hace que los sujetos sean más susceptibles a sufrir eventos adversos en su salud (Ávila Morales, 2017). La percepción de que no se controla el cuerpo, de que no existe ningún mecanismo volitivo que permita poner en orden y concierto las células, suele llevar al enfermo a un estado similar a la indefensión aprendida. Da igual lo que pienses o desees firmemente, las células cancerígenas pueden campar a sus anchas sin que te enteres. Esa indefensión aprendida se agrava ante la incertidumbre de los tratamientos, ya que ninguno de los protocolos de quimioterapia o radioterapia que apliquen te asegura al cien por cien que eliminará por completo el problema o que los tumores responderán correctamente ante tal adversidad y veneno. Todo depende, claro está, de cómo cada cuerpo y cada tumor respondan al tratamiento. Y ese «todo depende» sumerge al ser humano enfermo en la mayor indefensión conocida. También juegan un papel importante el escaso control que se tiene ante los síntomas de la quimioterapia y cómo el cuerpo baila sobre un delgado hilo entre la vida y la muerte, al son del compás que suelen marcar los vómitos, las diarreas, la deshidratación, las sudoraciones, los mareos, las bajadas de tensión y un sinfín de síntomas y efectos secundarios más que no vamos a enumerar, ya que rellenaríamos páginas y páginas de descripciones, la mayoría de ellas con tintes escatológicos. En ese baile de síntomas, no se conoce la coreografía, pero el enfermo se esfuerza constantemente en seguir bien los pasos, porque al mínimo cambio de ritmo puede que se caiga hacia el lado malo, ese en el que ya no se vuelve a respirar.

Por otra parte, tal y como se apuntaba antes, está la fragilidad mental en la relación médico-paciente, en la que uno ostenta el poder de la información y el otro secunda las órdenes y consignas que le dan. El médico va por delante del enfermo, sabe más y dosifica la información jugando con las expectativas, pudiéndolas modificar a su voluntad. La práctica de la medicina es una práctica moral, tal y como marca el propio juramento hipocrático. Por lo tanto, el acto médico es un acto moral que se da entre dos personas: una le otorga la confianza a la otra con el fin de recuperar su salud y obtener un alivio. Pero esta relación, basada en la confianza de uno hacia el otro, parte de una desigualdad basada en las expectativas y en la vulnerabilidad del que deposita la confianza. Y es en esta condición de vulnerabilidad del enfermo donde se acentúan su fragilidad mental y su nivel de dependencia de las decisiones médicas.

Es en este punto donde es necesario mirar la fragilidad desde una perspectiva antropológica, para así entenderla como la capacidad de concebirse a uno mismo como un ser indefenso y susceptible de sufrir todo tipo de daños. Y es así como a lo largo de un tratamiento oncológico solemos sentirnos los enfermos.

2. Todo lo que escapa de nuestro control

En una vida sin cáncer existen las leyes de la física, la ley de la gravedad y sobre todo la incuestionable ley de causa y efecto. Si algo pasa alrededor, es muy probable que haya tenido una causa previa y por lo tanto también una consecuencia posterior. Si nos centramos en nuestro organismo, en una vida sin cáncer cualquier síntoma, molestia o pequeño dolor que se tenga suele ser debido a una causa que por lo general se atribuye a algo que se ha hecho. «¡Qué será lo que he comido!» o «¡algo tenía que estar en mal estado!» son algunas de las coletillas que nos sirven para todo tipo de pesares o quejumbres. En la vida sin cáncer eso pasa, pero en la vida con cáncer no.

En una vida con cáncer la ley de causalidad deja de tener efecto porque el cuerpo gravita en otra atmósfera, con distintas fuerzas, variables y leyes que en ningún caso son las que conocías. Ante cualquier dolencia no se está seguro de qué ha podido provocarla, ya que el cuerpo que aún habitamos ya no es nuestro, pertenece a la ciencia y, por lo tanto, al cosmos. Tu cuerpo, el cuerpo, nuestro cuerpo se retuerce, contrae y expande en todas y cada una de las dimensiones del universo sin poder controlarlo durante un tratamiento oncológico. Y ante ello, nosotros los enfermos tan solo podemos aceptar con humildad que somos una insignificante gota en el basto océano que es la humanidad y que, como gota que somos, solo tenemos capacidad para movernos ligeramente en el vaivén de las olas que nos proporciona la química de los medicamentos, y poco más podemos hacer. Porque todo lo que nos rodea escapa a nuestro control.

3. Poquita fe

No es mi intención plagiar a Raúl Cimas con su mítica serie homónima en este apartado, pero aprovecho estas líneas para recomendar fervientemente su visionado en la plataforma televisiva de la antigua Telefónica. Una maravilla. Pero volviendo a eso de la fe, una palabra que a lo largo de este estudio se ha repetido mucho. «Hay que tener fe», en la religión, en dioses, en los milagros, en poderes sobrenaturales superiores a nosotros, en conspiraciones mundiales, en las energías y los chakras, en la medicina natural, en lo que sea que haya inventado el hombre y que no puede explicar de manera lógica. Hay que tener fe en todo sistema de creencias irracionales si se quiere salir adelante. Si se estudia el significado de la palabra «fe» se observa que consiste en una relación entre algo y alguien en donde uno otorga su confianza a ese otro algo o alguien.

Decir en ciertos entornos sociales altamente creyentes que ya se tiene fe en algo, que es la medicina, es tirar por tierra las expectativas de los demás. Se espera del enfermo que al estar pasando por una vivencia tan existencial como esta, que en muchos casos es mortal y que sobrecoge a cualquiera, tenga la obligación de volverse uno más espiritual y mostrar esa espiritualidad a diestro y siniestro, al escribir libros de autoayuda (como este) sobre cómo canalizar las energías o cómo curar los tumores a base de una dieta vegana y sin azúcar. El caso es que a lo largo del estudio científico que he realizado para este manual se ha podido constatar la gran cantidad de «personas de fe» que abarrotan los hospitales de día para recibir su tratamiento médico, no vaya a ser que sus imperturbables creencias o su fe inquebrantable no den resultado. Con personas de fe se hace referencia a todo tipo de especímenes que creen fervientemente en cuestiones que van más allá de un entender lógico: curas, monjas, curanderos, chamanes, seguidores de corrientes filosóficas alternativas y un largo etcétera. Lo que más abunda en los pabellones oncológicos son los curas y las monjas intentando cambiar los designios de Dios, que no hace más que gritarles una y otra vez que los quiere acoger en su seno de una vez por todas. Parece ser que los curas y monjas que tienen cáncer también hacen oídos sordos a Dios. O, por lo menos, piden una segunda opinión. A la ciencia.

4. La hipocresía social

Como se ha constatado en los resultados científicos y en los rigurosos análisis matemáticos elaborados, la sociedad tiene una imagen perfectamente diseñada de cómo tiene que ser un enfermo de cáncer. Y, cómo no, también la sociedad tiene perfectamente guionizado un discurso mitológico de héroes y batallas sobre el tema. En su discurso social, premia a aquellos que sobreviven con el apodo de «supervivientes» y con una devoción digna de cualquier héroe de la *Odisea*. Aquellos otros, los que han sobrevivido o los que no van a salir nunca de la enfermedad porque se ha cronificado, están olvidados, nadie los menciona. Mejor no saber de ellos, porque del cáncer, ya nos lo repite la Asociación Española Contra el Cáncer, «se sale».

Y si no sales será porque no lo has hecho bien (o, siendo más condescendientes, porque finamente perdiste la batalla). Ese es el otro discurso social. Y si no lo has hecho bien, aquí, en esta sociedad, no tienes ningún lugar. Pese a toda la concienciación a golpe de campañas publicitarias sobre el cáncer, la realidad es que, si no te dan el alta médica, nadie te devuelve tu hueco social. En el entorno laboral han prescindido de ti. En tu grupo de iguales ya no eres el de antes, el de siempre, eres otra cosa a la que todo el mundo mira con curiosidad, lástima y miedo. Cuando sales con ellos, porque por fin tienes fuerzas y estás deseando desconectar de todo esto, no es raro que al final todas las conversaciones acaben girando sobre tu estado de salud, sobre lo guapa que estás, que no se te nota nada, o sobre el valor que estás demostrando, algo que, aunque tú no puedas creer porque no es valor sino mero instinto de supervivencia, resulta inspirador para quienes te rodean. Y, encima, cada vez que te dicen algo así no es recomendable pedir un chupito. Y, además de todo esto, a nivel social poco a poco vas perdiendo derechos como ciudadano.

«Si lo hubiera hecho bien, quizás las cosas serían de otro modo». Hay que reconocer que este pensamiento se ha paseado por las neuronas del paciente estudiado a lo largo de un año; pero se ha demostrado que la terapia de reestructuración cognitiva hace que el enfermo entienda que lo único que puede hacer es surfear las olas de la química de los medicamentos y esperar a saber, intentando no desesperar, cuál es el final.

A modo de final, podemos decir que el estudio de caso, que soy yo, se encuentra dando esas clases de surf, agarrada a su tabla y a la deriva en un inmenso y tormentoso océano, confesando que estas clases son las más difíciles que ha recibido en toda su vida. En un respiro entre clase y clase, entre quimioterapia y quimioterapia, he escrito estas líneas, intentando que sean lo más científicas posibles por el bien de la humanidad y, sobre todo, de la sagrada ciencia. Tal y como lo hacen el resto de manuales de autoayuda de supervivientes de cáncer famosos o *youtubers* o *influencers* que hablan de esto, con el mismo rigor científico que yo. Si has llegado hasta aquí, no sufras, ya no hay más. Solo te queda mirar por encima la bibliografía consultada y punto, si es que quieres atormentarte un poco más. Tampoco es necesario que le eches un vistazo siquiera. Pero si de verdad has llegado hasta aquí, quiero aprovechar unos últimos segundos de tu tiempo para agradecerte tu paciencia y aguante por llegar hasta el final de este inusual y pionero estudio experimental. La vida para nosotros, los enfermos de tumores, es un constante diálogo con la muerte, una partida de ajedrez con ella, como sucede en *El* séptimo *sello,* de Ingmar Bergman. En ese diálogo, tal y como pasa en la película, cuando la muerte nos dice que lleva siguiéndonos mucho tiempo le decimos: «¡Espera un momento!». Y la muerte nos responde:

«Todos me dicen lo mismo».

5. AGRADECIMIENTOS

En primer lugar, quiero dar las gracias a mis tumores por haber estado a mi lado constantemente, ahí, cerquita. A todos ellos, sin excepción. Gracias por todo y por tanto. Sin vosotros, este libro nunca hubiera sido posible. En segundo lugar, quiero dar las gracias a todo el equipo médico del hospital universitario Clínico San Carlos de Madrid, que me ha tratado y me trata. Especialmente quiero mencionar a los tres jinetes del apocalipsis: Mónica Granja, Juan Corona y José María Mugüerza, que se han convertido en unos miembros más de la familia. Ellos y solo ellos tienen la llave para mantener mis células a raya; si existiera un dios, sin duda serían ellos, una santísima trinidad. También quiero mencionar el arduo trabajo y la maravillosa atención al paciente que diariamente dispensan las y los enfermeros/as del hospital de día del hospital anteriormente mencionado, consiguiendo arrancarte una sonrisa en una situación tan difícil de masticar como es un ciclo de quimioterapia. A Elisa, por volver a ponerme en orden todos los músculos de mis caderas y suelo pélvico.

A todos aquellos que me habéis animado a escribir un manual contando cómo se vive esta situación: a Arantzu Sumalla, Miguel Ángel Muñoz Sánchez, Pedro Bravo y David López por las correcciones y por decirme que contar esto merecía la pena. A todas las amistades que han seguido acompañándome en este difícil camino y han aguantado a ratos (no demasiados, lo juro) mi mal genio: Raquel, Ana, Meme, Marga y Nuria especialmente. A todos aquellos con los que me he relacionado en los últimos dos años: vosotros habéis sido contingentes y necesarios para escribir este libro. A Rafael de Rojas, porque le debo una dedicatoria como Dios manda, y es un tipo muy majo.

Y penúltimo, pero no menos importante, este pequeño libro no hubiera existido sin el faro que ilumina el tormentoso océano de mi vida: Aitor Marín.

Y, por último, me lo dedico a mí, por haber estado a mi lado constantemente, por sortear a la muerte en cada esquina durante los dos últimos años, por aguantar cada ciclo de quimioterapia y porque no me merezco menos.

BIBLIOGRAFÍA CONSULTADA

1. American Cancer Society (2019). *Nutrition for the person with cancer during treatment.* Nº 941010.Rev11/19 Https://www.cancer.org/es 2. Antola, A. (2000). La verdad como punto de encuentro entre la fe y la filosofía. *Anales de teología, 2*(1)*:* 5-16.

3. Asociación Española Contra el Cáncer (2024) http://www.blog.contraelcancer.es

4. Ávila Morales, J. C. (2017). *Consideraciones de la fragilidad humana frente a la conducta moral del médico.* http://www.scielo.org.co/pdf/med/v25n2/1909-7700-med-25-02-117.pdf

5. Cazenave, A.; Levin P. E. (2021). Adam Smith: el capitalismo y su frustrado proyecto de civilización. *Revista Cultura Económica UCA* nº101. https://repositorio.uca.edu.ar/handle/123456789/11890

6. Corazón R. (2017) El principio de causalidad y la ocurrencia esencial. *Studia Poliana, 19*: 83-110. https://dadun.unav.edu/bitstream/10171/57298/1/6719-32618-1-PB.pdf

7. Decreto 1293/1964 del 24 de abril por el que se concede la Gran Cruz de la Orden Civil de Sanidad a don José Biosca Torres. BOE num.109 6 de mayo de 1964 [5876] http./boe.es/diario_boe/txt

8. Charúa, L. (2006). Aspectos anecdóticos e históricos de las ileostomías y colostomías. *Revista del Hospital General de México, 69* (6): 113-118.

9. Díaz, E. (2002). Nueva Era: una religión para la polis moderna. *Revista INAH* (68). Viejas y nuevas religiosidades.

10. Fergenson, M. (1984). *La conspiración de Acuario.* Año Cero.

11. Goligher, J.; Duthie H et all. (1998). *Cirugía del ano, recto y colon. Absceso anorrectal.* Barcelona: 159-168.

12. Freud, S. (2012). *El Ello y el Yo.* Alianza Editorial.

13. Freud, S. (1995). *El malestar en la cultura.* Alianza Editorial.

14. Guéguen, N. (2012). La influencia de las flores. En *Mente y cerebro* (54): 16-19.

15. Ley Orgánica 19/1994 de 23 de diciembre de protección a testigos y peritos en causas criminales. BOE núm. 307.

16. MD Anderson Cancer Center. La reincorporación laboral es una de las metas pendientes en la rehabilitación del paciente con cáncer. (2024) https://mdanderson.es/noticias/post/7375/la-reincorporaci%C3%B3n-a la-vida-laboral-es-una-de-las-metas-en-la-rehabilitaci%-C3%B3n-del paciente-con-c%C3%A1ncer

17. Molina, R. & Feliu Batile, J. (2011) La reinserción laboral: un nuevo reto para el paciente con cáncer. *Psicooncología: investigación y clínica biopsicosocial en oncología*, (8)1: 45-52.

18. Molina, R.; Feliu Batile, J.; San José, B. (et al) (2008). La reinserción laboral en los pacientes con cáncer colorrectal *Psicooncología: investigación y clínica biopsicosocial en oncología*, (5)1: 83-94.

19. Policía Nacional. Unidad central de protección. www.policia.es

20. Observatorio de la Asociación Española Contra el Cáncer (2023) http://www.contraelcancer.es

21. Ramírez- Rodrigueza, J. M.; Aguilella- Diagoa (2006) Recidiva local en el cáncer de colon y recto. *Revista de Cirugía Española, 78*(6): 344-50. Consultado en https://www.elsevier.es/es-revista-cirugia-espanola-36-pdf-13082147

22. Rosas, C. (2015). La vulnerabilidad humana: un freno a la autonomía. *Revista de Bioética Latinoamericana, 16*: 1-16.

23. Romero Sánchez, L. (2022). Fe y filosofía. *Thémata: revista de filosofía 1*: 124-140.

24. Sociedad Española de Oncología Médica (SEOM) https://www.seom.org

25. Van Prooijen, W. (2018). *The Psychology of Conspiracy Theories.* Taylor & Francis Ltd.

Este libro se terminó de editar en Granada
en agosto de 2025 por

Aliar ediciones

www.aliarediciones.es
info@aliarediciones.es